MISTERIOS POLICIALES SIN RESOLVER

Historias Policíacas y Crímenes sin Resolver que han Confundido al Mundo

FELICIANO DON

© Copyright 2022 – Feliciano Don - Todos los derechos reservados.

Este documento está orientado a proporcionar información exacta y confiable con respecto al tema tratado. La publicación se vende con la idea de que el editor no tiene la obligación de prestar servicios oficialmente autorizados o de otro modo calificados. Si es necesario un consejo legal o profesional, se debe consultar con un individuo practicado en la profesión.

- Tomado de una Declaración de Principios que fue aceptada y aprobada por unanimidad por un Comité del Colegio de Abogados de Estados Unidos y un Comité de Editores y Asociaciones.

De ninguna manera es legal reproducir, duplicar o transmitir cualquier parte de este documento en forma electrónica o impresa.

La grabación de esta publicación está estrictamente prohibida y no se permite el almacenamiento de este documento a menos que cuente con el permiso por escrito del editor. Todos los derechos reservados.

La información provista en este documento es considerada veraz y coherente, en el sentido de que cualquier responsabilidad, en términos de falta de atención o de otro tipo, por el uso o abuso de cualquier política, proceso o dirección contenida en el mismo, es responsabilidad absoluta y exclusiva del lector receptor. Bajo ninguna circunstancia se responsabilizará legalmente al editor por cualquier reparación, daño o pérdida monetaria como consecuencia de la información contenida en este documento, ya sea directa o indirectamente.

Los autores respectivos poseen todos los derechos de autor que no pertenecen al editor.

La información contenida en este documento se ofrece únicamente con fines informativos, y es universal como tal. La presentación de la información se realiza sin contrato y sin ningún tipo de garantía endosada.

El uso de marcas comerciales en este documento carece de consentimiento, y la publicación de la marca comercial no tiene ni el permiso ni el respaldo del propietario de la misma.

Todas las marcas comerciales dentro de este libro se usan solo para fines de aclaración y pertenecen a sus propietarios, quienes no están relacionados con este documento.

Índice

Introducción	vii
1. Los asesinatos con Tylenol	1
2. El asesino del zodiaco	7
3. El asesinato de JonBenét Ramsey	19
4. El asesinato de La Dalia Negra	27
5. El caso de "Tamam Shud"	41
6. El secuestro de Tara Calico	51
7. El caso del niño en la caja	59
8. El caso de Jeannette DePalma	75
9. Jack el destripador	83
10. El asesinato de Mary Badaracco	97
11. El asesinato de la familia Sims	103
12. Los asesinatos de Delphi	111
13. La desaparición de Lisa Au	119
14. Los 8 de Jeff Davis	125
15. El monstruo de Udine	131
16. El monstruo de Florencia	141
Conclusión	157
Referencias	159

Introducción

Existen misterios como asesinatos o desapariciones sin resolver que han ocupado a las fuerzas policiales por años. Diferentes circunstancias, como la falta de testigos, la habilidad de los criminales para esconder sus huellas o incluso la falta de tecnología apropiada para analizar las pistas dejadas en la escena del crimen, han permitido que una gran cantidad de asesinos se salgan con la suya.

Incluso hoy, con todas las aplicaciones genéticas y de biología molecular disponibles, un sorprendente número de asesinos siguen sin ser capturados. El FBI estima que hay entre 25 y 50 asesinos en serie activos tan solo en los Estados Unidos. Una de las razones de esta deficiencia es la "ceguera de vinculación", en la que los patrones de delitos no se reconocen como relacionados.

En este libro, conoceremos 16 de los casos más impactantes que continúan en investigación policial y que, por años, no se han logrado resolver.

Introducción

Algunos considerados asesinos seriales, otros sin pistas concluyentes y algunos tan extraños que parece no haber causa ni respuesta alguna.

También daremos un rápido recorrido a algunas de las teorías sobre lo sucedido en cada caso, algunos sospechosos que por alguna u otra razón nunca fueron condenados y a las principales pistas que por años guiaron las investigaciones. Incluso, verás que la mayoría de estos casos aún aceptan cualquier pista o testimonio que se pueda proporcionar para su resolución.

Prepárate para leer sobre estos crueles actos de violencia y asesinato, para cuestionar el trabajo policial y para generar tus propias conclusiones, pues estamos por comenzar a recordar los grandes misterios policiales que, hasta el momento, no se han logrado resolver. Vincúlate con el o la detective que tienes dentro, ¡aquí vamos!

1

Los asesinatos con Tylenol

TEMPRANO en la mañana del 29 de septiembre de 1982, comenzó un trágico misterio médico y policiaco vinculado al dolor de garganta y secreción nasal. Esa mañana, Mary Kellerman, una niña de 12 años habitante de Elk Grove Village, un suburbio de Chicago, expresó malestar, presentando los anteriores síntomas.

Sus padres le dieron a la niña una cápsula de Tylenol extra fuerte que, sin que ellos lo supieran, estaba mezclada con cianuro de potasio altamente venenoso. Para cuando dieron las 7 am, Mary había fallecido. En una semana, su muerte causaría pánico en toda la nación. Y solo unos meses después, cambió la forma en la que compramos y consumimos medicamentos de venta libre.

Ese mismo día, un trabajador postal de 27 años llamado Adam Janus, de Arlington Heights, Illinois, murió de lo que inicialmente se pensó que era un ataque cardíaco masivo, pero resultó ser también envenenamiento por cianuro.

Su hermano y su cuñada, Stanley, de 25 años, y Theresa, de 19, de Lisle, Illinois, corrieron a su casa para consolar a sus seres queridos. Ambos experimentaron dolores de cabeza palpitantes, una respuesta común a una muerte en la familia y cada uno tomó una o dos cápsulas extra fuertes de Tylenol de la misma botella que Adam había usado ese mismo día.

Stanley murió ese mismo día y Theresa murió dos días después.

En los días siguientes, ocurrieron otras tres muertes extrañas: Mary McFarland de Elmhurst, Illinois, de 35 años, Paula Prince de Chicago, de 35 años, y Mary Weiner, de Winfield, Illinois, de 27 años. Resultó que todos ellos tomaron Tylenol poco antes de morir.

Fue en este punto, a principios de octubre de 1982, que los investigadores establecieron la conexión entre las muertes por envenenamiento y el consumo de Tylenol, el analgésico sin receta más vendido en los Estados Unidos en ese momento.

. . .

Las cápsulas a base de gelatina eran especialmente populares porque eran resbaladizas y fáciles de tragar, además de ser fácilmente accesibles. Desafortunadamente, cada víctima se tragó una cápsula de Tylenol mezclada con una dosis letal de cianuro.

McNeil Consumer Products, una subsidiaria del gigante de la salud, Johnson & Johnson, es la encargada de fabricar Tylenol. La compañía asumió un papel activo con los medios de comunicación en la emisión de comunicados de advertencia masivos e inmediatamente pidió un retiro masivo de las más de 31 millones de botellas de Tylenol en circulación.

Se descubrieron otras botellas de cápsulas contaminadas a principios de octubre en algunas tiendas de comestibles y farmacias en el área de Chicago, pero, afortunadamente, aún no se habían vendido ni consumido. McNeill y Johnson & Johnson ofrecieron cápsulas de reemplazo a quienes entregaron las píldoras ya compradas y una recompensa para cualquier persona con información que condujera a la detención de la persona o personas involucradas en estos asesinatos aleatorios.

El caso siguió siendo confuso para la policía, el fabricante de medicamentos y el público en general. Por ejemplo, Johnson & Johnson estableció rápidamente que la mezcla de cianuro se produjo después de que las cajas de Tylenol salieran de la fábrica.

. . .

Alguien, según la hipótesis de la policía, debe haber tomado botellas de los estantes de las tiendas de comestibles y farmacias locales en el área de Chicago, mezclando las cápsulas con veneno y luego devolviendo los productos alterados a los estantes para que las víctimas sin saberlo los compraran. Sin embargo, hasta el día de hoy, nunca se ha encontrado a los autores de estos asesinatos.

Un hombre, James Lewis, afirmando ser la mente maestra de los asesinatos con Tylenol, escribió una carta de "rescate" a Johnson & Johnson exigiendo un millón de dólares a cambio de detener los envenenamientos. Después de un largo rato jugando al gato y al ratón, la policía y los investigadores federales determinaron que Lewis vivía en Nueva York y no tenía vínculos demostrables con los eventos de Chicago.

Dicho esto, fue acusado de extorsión y condenado a 20 años de prisión. Lewis fue liberado en 1995, después de cumplir solo 13 años de su condena.

Otros envenenamientos "imitadores", relacionados con Tylenol y otros medicamentos de venta libre, surgieron nuevamente en la década de 1980 y principios de la de 1990, pero estos eventos nunca fueron tan dramáticos o mortales como las muertes en el área de Chicago de 1982. Las teorías de conspiración sobre los motivos y los sospechosos de todos estos actos atroces continúan circulando en Internet hasta el día de hoy.

Antes de la crisis de 1982, Tylenol controlaba más del 35 por ciento del mercado de analgésicos de venta libre; pero solo unas pocas semanas después de los asesinatos, ese número se desplomó a menos del 8 por ciento. La terrible situación, tanto en términos de vidas humanas como comerciales, hizo imperativo que los ejecutivos de Johnson & Johnson respondieran con rapidez y autoridad.

Por ejemplo, Johnson & Johnson desarrolló nuevos métodos de protección de productos y compromisos inquebrantables para mejorar la protección de sus consumidores en el futuro. Trabajando con los funcionarios de la FDA, introdujeron un nuevo empaque a prueba de manipulaciones, que incluía sellos de aluminio y otras características que hacían evidente al consumidor si había ocurrido algo con el producto. Estas protecciones de empaque pronto se convirtieron en el estándar de la industria para todos los medicamentos de venta libre.

La compañía también presentó reducciones de precios y una nueva versión de sus píldoras, llamada "caplet", una tableta recubierta con gelatina resbaladiza y fácil de tragar, pero mucho más difícil de manipular que las cápsulas anteriores que, podían abrirse fácilmente, mezclarse con un contaminante, y luego ser colocadas de nuevo en alguna botella más vieja que no fuera a prueba de manipulaciones.

En un año, y después de una inversión de más de $100 millones, las ventas de Tylenol se recuperaron y se convirtió, una vez más, en el analgésico de venta libre favorito del país. Los críticos que habían anunciado prematuramente la muerte de la marca Tylenol ahora elogiaban el manejo del asunto por parte de la compañía. De hecho, el retiro del mercado de Johnson & Johnson se convirtió en un caso de estudio clásico en las escuelas de negocios de todo el país.

En 1983, el Congreso de los Estados Unidos aprobó lo que se denominó "el proyecto de ley Tylenol", por lo que ahora es un delito federal alterar los productos de consumo. En 1989, la FDA estableció pautas federales para que los fabricantes hicieran todos estos productos a prueba de manipulaciones.

Lamentablemente, las tragedias que resultaron de los envenenamientos con Tylenol nunca se podrán deshacer. Pero sus muertes inspiraron una serie de medidas importantes para hacer que los medicamentos de venta libre fueran más seguros (aunque nunca 100 por ciento seguros) para los cientos de millones de personas que los compran cada año.

2

El asesino del zodiaco

El Asesino del Zodiaco fue un asesino en serie activo desde finales de la década de 1960 hasta principios de la de 1970 en el norte de California, Estados Unidos. El nombre 'Zodiaco' se originó a partir de una serie de cartas escritas por el asesino a la prensa local, que fueron firmadas bajo el nombre en clave.

Algunas de sus cartas estaban escritas en clave, de las cuales sólo una ha sido descifrada hasta la fecha.

El Zodiaco afirmó haber asesinado a 37 personas, de las cuales se confirmó que cinco murieron y dos resultaron heridas. Se desconoce el destino de las otras víctimas reclamadas por él, pero existe la posibilidad de que haya matado de 20 a 28 personas.

. . .

Se burló de la policía por no poder atraparlo a pesar de sus letras codificadas y advertencias sobre su próximo movimiento. Estuvo activo desde 1968 hasta 1974 y luego cesó abruptamente toda comunicación. Su expediente se cerró en abril de 2004, pero fue reabierto en marzo de 2007 por el Departamento de Justicia de California.

Las agencias de aplicación de la ley pudieron generar un boceto del Asesino del Zodiaco a partir de las descripciones dadas por algunas de las víctimas que sobrevivieron. Sin embargo, no tuvieron éxito en rastrearlo. No se han encontrado pruebas concluyentes sobre su identidad y el caso sigue abierto en la ciudad de Riverside y el condado de Napa.

"Espero que se diviertan mucho tratando de atraparme. No tengo miedo de la cámara de gas porque me enviará al paraíso (sic) mucho antes porque ahora tengo suficientes esclavos para trabajar para mí".

Este mensaje fue revelado después de 51 años. Tres descifradores de códigos de tres países diferentes (Estados Unidos, Bélgica y Australia) hicieron lo que el FBI no pudo hacer durante cinco décadas. Hablamos de uno de los asesinos en serie más notorios de la historia moderna.

Hasta el día de hoy, el Asesino del Zodiaco no ha sido atrapado, y es posible que nunca lo sea, incluso se han realizado numerosos libros y películas sobre este malvado ser.

El 20 de diciembre de 1968, los cuerpos de Betty Lou Jensen y David Arthur fueron encontrados en un camino de amantes cerca de Benicia (en el Área de la Bahía de California).

Los jóvenes de 16 y 17 años, respectivamente, estaban en una primera cita. Ambos habían recibido múltiples disparos.

Menos de siete meses después, dispararon a Darlene Ferrin y Michael Mageau. Ferrin, de 22 años, no sobrevivió al tiroteo, pero Mageau, de 19, sí. Describió el incidente diciendo que un hombre, posiblemente entre las edades de 26 y 30 años, se acercó al automóvil y encendió una linterna en los rostros de las parejas antes de dispararles. Mageau recibió varios disparos, y el asesino incluso regresó por segunda vez para dispararle nuevamente.

Este segundo tiroteo tuvo lugar a menos de ocho kilómetros de los asesinatos de Jensen y Arthur. Al día siguiente, se estableció una conexión entre estos dos incidentes cuando un hombre llamó al departamento de policía y afirmó que él era el responsable de ambos.

Tres meses después, el mismo perpetrador se acercó a otra pareja. En lugar de un arma, el asesino usó un cuchillo para apuñalar a Bryan Calvin Hartnell y Cecelia Ann Shepard. Por extraño que parezca, el hombre tenía un cuchillo con él cuando se acercó por primera vez a Hartnell y Shepard; dato que sabemos porque, si bien Shepard no sobrevivió, Hartnell sí.

Hartnell fue apuñalado seis veces. La descripción que hizo Hartnell era similar a la de Mageau, aunque el asesino vestía una capucha negra, gafas de sol y un extraño símbolo en forma de cruz.

El asesino hizo este mismo símbolo en el auto de la pareja antes de irse a toda velocidad, y también enumeró sus otros crímenes.

La huella húmeda de la palma de su mano en el automóvil de la pareja fue la primera prueba de ADN que la policía pudo obtener de este asesino, pero no ha sido muy útil en los últimos años de la investigación.

Dos semanas después, el taxista Paul Lee Stine fue asesinado en San Francisco. Aunque originalmente se hizo una llamada al Departamento de Policía de San Francisco diciendo que un hombre afroamericano era responsable del asesinato, los testigos presenciales describieron al perpetrador como un hombre blanco; que en otras partes de la descripción parecía coincidir con las descripciones anteriores del Asesino del Zodiaco.

. . .

El asesino pudo haber sido atrapado si no fuera por el error cometido por el Departamento de San Francisco: la policía no comenzó a buscar a un hombre blanco inmediatamente después del tiroteo. Para aclarar la confusión, el Asesino del Zodiaco llamó más tarde para asumir la responsabilidad de este asesinato.

El Asesino del Zodiaco supuestamente dejó huellas dactilares ensangrentadas en la puerta del taxi de Stine, pero la policía no pudo obtener una buena huella para hacer coincidir los dedos del asesino con alguien en su base de datos.

En cartas a la policía, el Asesino del Zodíaco también afirmó que se había puesto cemento de avión en los dedos para que fuera más difícil atraparlo.

El asesinato de Paul Lee Stine es el último asesinato confirmado por el Asesino del Zodiaco, pero hay mucho más en el caso que solo estos cinco asesinatos. ¿El Asesino del Zodiaco tuvo más víctimas? Puede que nunca lo sepamos. Le dijo a la policía que eso haría, e incluso describió que estos asesinatos parecerían "robos de rutina", pero ninguno de estos incidentes en los últimos 50 años se han logrado relacionar con el Asesino del Zodíaco.

Cinco asesinatos en el lapso de un año califican al Asesino del Zodíaco como un asesino en serie, pero no es el asesino en serie más prolífico que existe. Entonces, ¿por qué la gente está tan fascinada con él?

Por un lado, el hombre nunca ha sido capturado. Por otro lado, sus mensajes codificados le han dado un giro salvaje a esta historia. Entre los asesinatos de Ferrin y Shepard, el presunto asesino envió cartas a varios periódicos del área de San Francisco.

Las cartas contenían dos partes. Primero fue una carta que enumeraba varios detalles de los dos asesinatos anteriores que solo el asesino y la policía conocían. El segundo fue un criptograma. El Zodiaco escribió en la carta que el criptograma revelaría la identidad del asesino.

El asesino quería que este criptograma apareciera en los periódicos y amenazó con emprender una intensa matanza si no se publicaban las cartas. Las letras también estaban firmadas con un símbolo de círculo cruzado que se ha asociado con el Asesino del Zodíaco. Las cartas se publicaron y el asesino no cumplió con los asesinatos que había amenazado. No mataría por otro mes.

Las cartas estaban codificadas y los ciudadanos tardaron una semana en resolver y traducir aproximadamente la mayor parte de la carta. No se reveló la identidad del asesino, pero sí se logró leer:

"Me gusta matar gente porque es muy divertido. Es más divertido que matar animales salvajes en el bosque porque el hombre es el animal más peligroso de todos. Matar algo me da la experiencia más emocionante. Es incluso mejor que acostarse con una chica. La mejor parte es que cuando muera renaceré en el paraíso y todos los que he matado se convertirán en mis esclavos. No te daré mi nombre porque intentarás retrasar o detener mi colección de esclavos para la otra vida ebeorietemethhpiti".

Una referencia interesante en esta carta es *The Most Dangerous Game*, una historia corta clásica sobre un cazador que es perseguido por un hombre rico que disfruta de la emoción de matar humanos, ya que son el "juego más peligroso". Una semana después, se envió otra carta a los periódicos en la que el asesino se hacía llamar El Zodiaco.

Poco después del asesinato de Paul Lee Stine, se enviaron más cartas a la policía. Una carta incluía un trozo ensangrentado de la camisa de Stine. Poco después, el Asesino del Zodíaco envió el criptograma que no había sido resuelto en 51 años.

Unas semanas después de eso, el Zodiaco envió una carta describiendo algunos de los eventos que tuvieron lugar durante el asesinato de Stine, incluida la afirmación de que la policía había hablado con él poco después de que le disparó a Stine.

. . .

Es importante tener en cuenta que, si bien el Asesino del Zodiaco era el asesino en serie más notorio en ese momento y todos los oficiales de policía en el área estaban tratando de resolver el caso, éste había matado en múltiples jurisdicciones.

Como escucharás en muchos casos de asesinos en serie, la policía tuvo dudas sobre compartir información sobre el caso. Desafortunadamente, esto hizo que la investigación fuera más difícil de resolver en la década de 1970 y más allá.

Las cartas llegaron a varios departamentos de policía, periodistas y periódicos durante años hasta 1974. Antes de esta última carta, el Zodiaco permaneció en silencio durante tres años. En 1974, envió una breve carta al *San Francisco Chronicle* que mencionaba El exorcista y terminaba con *"Yo = 37, SFPD* (departamento de policía de San Francisco) *= 0"*.

Algunos piensan que esto significa que el Asesino del Zodiaco les quitó la vida a 37 personas, pero las autoridades no pueden estar seguras. Con tan poca evidencia de ADN en las escenas del crimen, no fue fácil para la policía vincular los crímenes con el Asesino del Zodiaco. Las confesiones falsas y las cartas de imitadores en el área de San Francisco también dificultaron que la policía supiera quién estaba realmente detrás de ciertos asesinatos.

Hay al menos cinco asesinatos que podrían vincularse con el Asesino del Zodiaco: estos tuvieron lugar entre 1963 y 1970. Pero sin más evidencia para vincular los asesinatos, solo los asesinatos de Betty Lou Jensen, David Arthur, Darlene Ferrin, Cecelia Ann Shepard, y Paul Lee Stine han sido confirmados.

No es inusual que los casos se resuelvan décadas después. El *Golden State Killer* fue capturado más de 30 años después de su último asesinato, gracias a la evidencia de ADN y al incansable periodismo de investigación. Pero el Asesino del Zodiaco no ha corrido con la misma suerte.

Entre 2004 y 2007, el Departamento de Policía de San Francisco cerró el caso del Asesino del Zodiaco. Pero el caso permanece abierto hasta el día de hoy en el Departamento de Policía de San Francisco y en varios otros departamentos de policía de la zona.

Hace tres años, el Departamento de Policía de Vallejo creía que podrían atrapar al Asesino del Zodíaco utilizando el ADN recolectado de los sellos en las cartas que enviaba a la policía, pero los resultados de estos esfuerzos no han dado respuestas.

En 2014, Gary Stewart publicó un libro llamado *El animal más peligroso de todos*. Stewart, quien fue adoptado cuando era niño, descubrió la historia del Asesino del Zodiaco durante un viaje para descubrir quién era su padre biológico. En ese viaje, creyó descubrir que su padre, Earl Van Best Jr., fue el Asesino del Zodiaco.

Esto sucedió porque hay algunas coincidencias sorprendentes y hechos que vinculan a Best con el Asesino del Zodiaco: Best era un pedófilo que había sido arrestado muchas veces por secuestrar a la madre de Gary. El padre de Best fue un descifrador de códigos en la guerra, y Best pasó muchos años de su infancia aprendiendo cómo descifrar códigos de su padre.

Una cicatriz en las huellas dactilares de Best y el Asesino del Zodiaco también apunta a Best como el asesino. El boceto del testigo ocular es similar a las fotos de Best de esa época, pero los bocetos del testigo presencial no son tan útiles. La policía cree que no hay evidencia concluyente que vincule a Best con el Asesino del Zodiaco.

Además, Earl Van Best Jr. es uno de más de una docena de sospechosos que fueron investigados por el Departamento de Policía de San Francisco a lo largo de los años. Estos sospechosos van desde hombres relativamente desconocidos en el área de San Francisco hasta miembros de la familia Manson y Unabomber. También hay coincidencias presentes con algunos de estos sospechosos.

. . .

Algunas de las noticias más recientes sobre el caso llegaron en diciembre de 2020, cuando se descifró una de las últimas cartas del Asesino del Zodíaco. Incluso con la noticia de que los descifradores de códigos resolvieron el criptograma del Zodiaco, es difícil decir que el caso se resolverá alguna vez.

Han pasado más de 50 años desde que el Asesino del Zodiaco se llevó a su última víctima.

Incluso si se intenta recopilar evidencia de 37 asesinatos que tuvieron lugar durante ese tiempo en el norte de California, es casi imposible garantizar que se puedan vincular todos los casos.

Los bocetos dados por testigos presenciales no son perfectos, como se puede ver en los bocetos hechos del *Golden State Killer* y otros asesinos en serie. La ciencia detrás de la identificación del ADN será cada vez más avanzada, pero el tiempo seguirá pasando y el Asesino del Zodiaco, si no está muerto ya, es cada vez más probable que muera.

Aun así, hay personas que están decididas a contribuir con este caso; lo sabemos por los descifradores de códigos de todo el mundo que trabajaron incansablemente para descifrar el mensaje de hace 51 años. Y a medida que avanza este caso, las historias de las personas que intentan identificar al Asesino del Zodiaco se vuelven tan fascinantes como el propio asesino. ¿Es posible que este caso se cierre para siempre? ¡Quién sabe!

3

El asesinato de JonBenét Ramsey

En las primeras horas de la mañana del 26 de diciembre de 1996, John y Patsy Ramsey se despertaron y encontraron que su hija de seis años, JonBenét Ramsey, había desaparecido de su cama en su casa en Boulder, Colorado. Patsy y John se habían levantado temprano para prepararse para un viaje, cuando Patsy descubrió una nota de rescate en las escaleras que exigía $118,000 para el regreso seguro de su hija.

A pesar de la advertencia de la nota de no involucrar a la policía, Patsy los llamó de inmediato, así como a amigos y familiares para ayudar en la búsqueda de JonBenét Ramsey. La policía llegó a las 5:55 a.m. y no encontró signos de entrada forzada, pero no registró el sótano, donde eventualmente se encontraría el cuerpo de la pequeña.

. . .

Incluso antes de que se encontrara el cuerpo de JonBenét, se cometieron muchos errores de investigación.

Solo la habitación de JonBenét estaba acordonada, por lo que amigos y familiares recorrieron el resto de la casa, recogiendo cosas y potencialmente destruyendo pruebas.

El Departamento de Policía de Boulder también compartió la evidencia que encontraron con los Ramsey y retrasó la realización de sus entrevistas informales con los padres. A la 1:00 p.m., los detectives ordenaron al Sr. Ramsey y a un amigo de la familia que recorrieran la casa para ver si algo andaba mal.

El primer lugar donde ellos buscaron fue el sótano, donde encontraron el cuerpo de JonBenét. John Ramsey inmediatamente recogió el cuerpo de su hija y la llevó arriba, lo que desafortunadamente destruyó evidencia potencial al perturbar la escena del crimen.

Durante la autopsia se descubrió que JonBenét Ramsey había muerto por asfixia por estrangulamiento, además de una fractura de cráneo. Su boca estaba cubierta con cinta adhesiva y sus muñecas y cuello estaban envueltos con un cordón blanco. Su torso había sido cubierto con una manta blanca.

. . .

No hubo pruebas concluyentes de violación, ya que no se encontró semen en el cuerpo y parecía que le habían limpiado la vagina, aunque sí se constató que se había producido una agresión sexual. El forense también encontró lo que se creía que era piña en el estómago de JonBenét.

Sus padres no recuerdan haberle dado nada la noche antes de morir, pero había un plato de piña en la cocina que tenía las huellas dactilares de su hermano Burke, de nueve años. Sin embargo, esto significó poco ya que el tiempo no es atribuible a las huellas dactilares, es decir, el niño pudo haber tocado el plato en cualquier momento no relacionado con el asesinato. Los Ramsey sostuvieron que Burke estuvo en su habitación durmiendo toda la noche, y nunca hubo evidencia física para reflejar lo contrario.

Hay dos teorías populares en el caso de Ramsey: la teoría de la familia y la teoría del intruso.

La investigación inicial se centró en gran medida en la familia Ramsey por muchas razones: la policía consideró que la nota de rescate fue manipulada ya que era inusualmente larga, escrita con un bolígrafo y papel de la casa de Ramsey, y exigió casi la cantidad exacta de dinero que John había recibido como bonificación a principios de ese año.

. . .

Además, los Ramsey se mostraron reacios a cooperar con la policía, aunque luego dijeron que esto se debía a que temían que la policía no realizaría una investigación completa y los consideraría sospechosos fáciles.

A pesar de esto, los investigadores interrogaron a los tres miembros de la familia inmediata y enviaron muestras de escritura a mano para compararlas con la carta de rescate. Tanto John como Burke fueron absueltos de cualquier sospecha de haber escrito la nota.

Aunque se dijo mucho que Patsy no podía ser absuelta de manera concluyente por su muestra de escritura a mano, este análisis no fue respaldado por ninguna otra evidencia.

A pesar de que había un grupo más grande de sospechosos, los medios de comunicación inmediatamente se enfocaron en los padres de JonBenét, y la familia pasó años bajo el duro foco de atención del público.

En 1999, un gran jurado de Colorado votó para acusar a los Ramsey de poner en peligro a un niño y obstruir una investigación de asesinato, sin embargo, el fiscal consideró que la evidencia no cumplía con el estándar más allá de una duda razonable y se negó a procesar. Los padres de JonBenét nunca fueron nombrados oficialmente como sospechosos del asesinato.

. . .

Alternativamente, la teoría del intruso tenía mucha evidencia física para ser respaldada. Junto al cuerpo de JonBenét se encontró una huella de bota que no pertenecía a nadie de la familia, también había una ventana rota en el sótano que se creía que era el punto de entrada más probable para un intruso.

Además, se encontró ADN de gotas de sangre de un hombre desconocido en la ropa interior de la niña. Los pisos de la casa de Ramsey estaban muy alfombrados, por lo que era plausible que un intruso hubiera llevado a JonBenét escaleras abajo sin despertar a la familia.

Uno de los sospechosos más famosos fue John Karr. Fue arrestado en 2006 cuando confesó haber matado a JonBenét por accidente, después de haberla drogado y agredido sexualmente. Karr finalmente fue descartado como sospechoso después de que se reveló que no se habían encontrado drogas en el sistema de JonBenét, la policía no pudo confirmar que estaba en Boulder cerca de la escena ese momento y su ADN no coincidía con el perfil generado a partir de las muestras encontradas.

Gran parte de la investigación reciente en el caso gira en torno a los perfiles de ADN desarrollados a partir de la muestra encontrada en la ropa interior y el ADN táctil desarrollado más tarde a partir de su ropa térmica. El perfil de su ropa interior se ingresó en CODIS (la base de datos nacional de ADN) en 2003, pero no se han identificado coincidencias.

En 2006, la fiscal de distrito de Boulder, Mary Lacy, se hizo cargo del caso. Estuvo de acuerdo con el fiscal federal en que la teoría del intruso era más plausible que el que los Ramsey mataran a su hija. Bajo la dirección de Lacy, los investigadores desarrollaron un perfil de ADN a partir del ADN táctil (ADN dejado por las células de la piel) en su ropa térmica. En 2008, Lacy emitió una declaración que detalla la evidencia de ADN y exonera por completo a la familia Ramsey, diciendo en parte:

"La Oficina del Fiscal del Distrito de Boulder no considera a ningún miembro de la familia Ramsey, incluidos John, Patsy o Burke Ramsey, como sospechosos en este caso. Hacemos este anuncio ahora porque recientemente hemos obtenido esta nueva evidencia científica que agrega significativamente al valor exculpatorio de la evidencia científica anterior.

Lo hacemos con pleno aprecio por las otras pruebas en este caso. La publicidad local, nacional e incluso internacional se ha centrado en el asesinato de JonBenet Ramsey. Muchos miembros del público llegaron a creer que uno o más de los Ramsey, incluidos su madre, su padre o incluso su hermano, eran responsables de este brutal homicidio. Esas sospechas no se basaron en pruebas probadas en los tribunales; más bien, se basaron en evidencia reportada por los medios".

. . .

En 2010, el caso se reabrió oficialmente con un enfoque renovado en las muestras de ADN. Se han realizado más pruebas en las muestras y los expertos ahora creen que la muestra es en realidad de dos personas en lugar de una. En 2016 se anunció que el ADN se enviaría a la Oficina de Investigaciones de Colorado para que se analizara con métodos más modernos y las autoridades esperaban desarrollar un perfil de ADN aún más sólido del asesino.

En el mismo 2016, CBS transmitió "El caso de JonBenét Ramsey", que implicaba que su hermano Burke, que entonces tenía nueve años, era el asesino a pesar de que la evidencia de ADN lo absolvió de la existencia de un intruso. Burke presentó una demanda de 750 millones de dólares contra CBS por difamación. El caso se resolvió en 2019 y, aunque no se revelaron los términos del acuerdo, su abogado afirmó que el caso se "resolvió de manera amistosa a satisfacción de todas las partes".

El caso de JonBenét Ramsey sigue abierto y sigue sin resolverse.

4

El asesinato de La Dalia Negra

El asesinato de Elizabeth Short en 1947, también conocida como la "Dalia Negra", es uno de los casos sin resolver más antiguos de Los Ángeles. No solo fue un crimen horrible, sino que también resultó notoriamente difícil de resolver.

En las décadas transcurridas desde el asesinato de la Dalia Negra, la policía, la prensa y los detectives aficionados han profundizado en este crimen sin resolver y han desarrollado varias teorías convincentes. Aunque es posible que nunca sepamos quién mató a la Dalia Negra, analizar detenidamente la evidencia de este caso es tan oscuramente fascinante hoy como lo fue en 1947.

El 15 de enero de 1947, el cadáver de Elizabeth Short fue encontrado en el vecindario Leimert Park de Los Ángeles.

La primera persona que reportó la espeluznante vista fue una madre que salió a caminar por la mañana con su hijo.

Según la mujer, la forma en que se había posado el cuerpo de Short le hizo pensar que el cadáver era un maniquí al principio. Pero una mirada más cercana reveló el verdadero horror de la escena del crimen perpetrado a la Dalia Negra.

Short, de 22 años, había sido cortada en dos por la cintura y se había desangrado completamente. Algunos de sus órganos, como sus intestinos, habían sido removidos y cuidadosamente colocados debajo de sus glúteos. Le habían cortado trozos de carne de los muslos y los senos. Y su estómago estaba lleno de heces, lo que llevó a algunos a creer que se había visto obligada a comerlas antes de que la mataran.

Las mutilaciones más escalofriantes, sin embargo, fueron las laceraciones en su rostro. El asesino le cortó cada lado de la cara desde las comisuras de la boca hasta las orejas, creando lo que se conoce como una "sonrisa de Glasgow".

Dado que el cuerpo ya había sido lavado, los detectives del Departamento de Policía de Los Ángeles concluyeron que debió haber sido asesinada en otro lugar antes de ser arrojada a Leimert Park. Cerca de su cuerpo, los detectives notaron la huella de un talón y un saco de cemento con rastros de sangre que presuntamente se había utilizado para transportar su cuerpo al lote baldío.

El departamento de policía de Los Ángeles se acercó al FBI para ayudar a identificar el cuerpo buscando en su base de datos de huellas dactilares.

Las huellas dactilares de Short aparecieron con bastante rapidez porque había solicitado un trabajo como empleada en la comisaría del Campamento Cooke del Ejército de los EE. UU. en California en 1943.

Y luego sus huellas aparecieron por segunda vez desde que fue arrestada por el Departamento de Policía de Santa Bárbara por beber cuando era menor de edad, solo siete meses después de haber solicitado el trabajo.

El FBI también tenía su ficha policial de su arresto, que proporcionó a la prensa. En poco tiempo, los medios comenzaron a informar todos los detalles lascivos que pudieron encontrar sobre Short.

Mientras tanto, la madre de Elizabeth Short, Phoebe Short, no se enteró de la muerte de su hija hasta que los reporteros de *The Los Angeles Examiner* la llamaron fingiendo que Elizabeth había ganado un concurso de belleza. La presionaron para obtener todos los detalles que pudieron sobre Elizabeth antes de revelar la terrible verdad. Su hija había sido asesinada y su cadáver había sido desmembrado de formas indescriptibles.

A medida que los medios aprendieron más sobre la historia de Elizabeth Short, comenzaron a calificarla de desviada sexual.

Un informe policial decía:

"esta víctima conocía al menos a cincuenta hombres en el momento de su muerte y al menos veinticinco hombres habían sido vistos con ella en los sesenta días anteriores a su muerte… Era conocida como una provocadora de hombres".

Le dieron a Short el apodo de "la dalia negra", debido a su preferencia por usar mucha ropa negra transparente. Esta fue una referencia a la película *The Blue Dahlia*, que estaba en boga en ese momento. Algunas personas difundieron el falso rumor de que Short era una prostituta, mientras que otras afirmaron sin fundamento que le gustaba molestar a los hombres porque era lesbiana.

Sumado a su mística, Short era, según los informes, un aspirante a Hollywood. Se había mudado a Los Ángeles solo seis meses antes de su muerte y trabajaba como camarera. Lamentablemente, no tenía trabajos de actuación conocidos y su muerte se convirtió en su único reclamo a la fama. Pero a pesar de lo famoso que fue el caso, las autoridades tuvieron enormes dificultades para descubrir quién estaba detrás. Sin embargo, los miembros de los medios sí recibieron algunas pistas.

El 21 de enero, aproximadamente una semana después de que se encontrara el cuerpo, *The Examiner* recibió una llamada de una persona que afirmaba ser el asesino, quien dijo que enviaría las pertenencias de Short por correo como prueba de su afirmación.

Poco después, el día 24, el periódico recibió un paquete con el certificado de nacimiento de Short, fotos, tarjetas de presentación y una libreta de direcciones con el nombre de Mark Hansen en la portada. También se incluyó una carta pegada a partir de recortes de cartas de periódicos y revistas que decía: *"*Examiner *de Los Ángeles y otros periódicos de Los Ángeles a continuación se encuentra la carta de pertenencias de Dalia".*

Todos estos artículos habían sido limpiados con gasolina, sin dejar huellas dactilares. Aunque se encontró una huella digital parcial en el sobre, se dañó durante el transporte y nunca se analizó.

. . .

El 26 de enero llegó otra carta. Esta nota escrita a mano decía: *"Aquí está. Me entregaré el miércoles. 29 de enero, 10 am. Me divertí con la policía. Vengador de la Dalia Negra."* La carta incluía una ubicación. La policía esperó a la hora y el lugar señalados, pero el autor nunca apareció.

Posteriormente, el presunto asesino envió una nota hecha con letras cortadas y pegadas de revistas al examinador que decía: *"He cambiado de opinión. No me darían un trato justo. El asesinato de la Dalia estaba justificado"*.

Una vez más, todo lo que envió la persona había sido limpiado con gasolina, por lo que los investigadores no pudieron levantar ninguna huella digital de la evidencia.

En un momento, el departamento de policía de Los Ángeles tenía 750 investigadores en el caso y entrevistó a más de 150 posibles sospechosos vinculados al asesinato de la Dalia Negra. Los oficiales escucharon más de 60 confesiones durante la investigación inicial, pero ninguna de ellas se consideró legítima. Desde entonces, ha habido más de 500 confesiones, ninguna de las cuales llevó a que alguien fuera acusado.

A medida que pasó el tiempo y el caso se enfrió, muchas personas asumieron que el asesinato de la Dalia fue una cita que salió mal, o que Short se había topado con un extraño siniestro a altas horas de la noche mientras caminaba sola.

Después de más de 70 años, el caso del asesinato de la Dalia Negra sigue abierto. Pero en los últimos años, han surgido un par de teorías intrigantes y escalofriantes. Un boletín policial que busca información sobre las actividades de Elizabeth Short antes del asesinato la describe como "muy atractiva" con "dientes inferiores malos" y "uñas mordidas".

Poco después de la muerte de su padre en 1999, el ahora retirado detective del Departamento de Policía de Los Ángeles, Steve Hodel, estaba revisando las pertenencias de su padre cuando notó dos fotos de una mujer que se parecía mucho a Elizabeth Short.

Después de descubrir estas imágenes inquietantes, Hodel comenzó a usar las habilidades que había adquirido como policía para investigar a su propio padre fallecido. Revisó archivos de periódicos y entrevistas a testigos del caso, e incluso presentó una Ley de Libertad de Información para obtener archivos del FBI sobre el asesinato de Elizabeth.

También hizo que un experto en caligrafía comparara muestras de la escritura de su padre con la escritura en algunas de las notas enviadas a la prensa por el presunto asesino. El análisis encontró una gran posibilidad de que la letra de su padre coincidiera, pero los resultados no fueron concluyentes.

En el lado más espeluznante, las fotos de la escena del crimen de la Dalia mostraron que el cuerpo de Short había sido cortado de una manera consistente con una hemicorporectomía, un procedimiento médico que corta el cuerpo debajo de la columna lumbar. El padre de Hodel había sido médico y asistía a la escuela de medicina cuando se enseñaba este procedimiento en la década de 1930.

Además, Hodel buscó en los archivos de su padre en la UCLA y encontró una carpeta llena de recibos por la contratación de trabajo en la casa de su infancia. En esa carpeta, había un recibo fechado unos días antes del asesinato por una gran bolsa de concreto, del mismo tamaño y marca que una bolsa de concreto encontrada cerca del cuerpo de Short.

Cuando Hodel comenzó su investigación, muchos de los policías que trabajaron originalmente en el caso ya estaban muertos. Sin embargo, reconstruyó cuidadosamente las conversaciones que estos oficiales tuvieron sobre el caso. Eventualmente, Hodel compiló toda su evidencia en un éxito de ventas de 2003 llamado *"Black Dahlia Avenger: The True Story"*.

. . .

Mientras verificaba los datos del libro, el columnista de Los Angeles Times, Steve López, solicitó los archivos policiales oficiales del caso e hizo un descubrimiento importante. Poco después del asesinato, el departamento policiaco de Los Ángeles tenía seis sospechosos principales y George Hodel estaba en su lista.

De hecho, era un sospechoso tan serio que colocaron micrófonos en su casa en 1950 para que la policía pudiera monitorear sus actividades. Gran parte del audio era inocuo, pero sobresalió un intercambio escalofriante:

"20:25. 'La mujer gritó. Y gritó de nuevo. (Cabe señalar que la mujer no escuchó antes del grito).'"

Más tarde ese día, se escuchó a George Hodel decirle a alguien: *"Darme cuenta de que no había nada que pudiera hacer más que ponerle una almohada sobre la cabeza y cubrirla con una manta. Tomar un taxi. Expiró 12:59. Pensaron que había algo sospechoso. De todos modos, ahora pueden haberlo descubierto. La maté."*

Continuó: *"Supongamos que maté a la Dalia Negra. No podían probarlo ahora. Ya no pueden hablar con mi secretaria porque está muerta".*

Incluso después de esta impactante revelación, que parece respaldar que George Hodel mató a Short, y posiblemente también a su secretaria, el caso la Dalia Negra aún no se ha cerrado oficialmente. Sin embargo, esto no ha impedido que Steve Hodel investigue a su padre.

Dice que ha encontrado detalles de docenas de otros asesinatos que posiblemente podrían estar relacionados con su padre, lo que lo implica no solo como el asesino de Elizabeth Short sino también como un asesino en serie trastornado.

La investigación de Hodel incluso ha llamado la atención de las fuerzas del orden. En 2004, Stephen R. Kay, el jefe adjunto de la oficina del fiscal de distrito del condado de Los Ángeles, dijo que, si George Hodel todavía estaba vivo, tendría suficiente para acusarlo por el asesinato de Elizabeth Short.

Por otro lado, en 2017, la autora británica Piu Eatwell anunció que finalmente había resuelto el caso de décadas y publicó sus hallazgos en un libro llamado *"Black Dahlia, Red Rose: The Crime, Corruption, and Cover-Up of America's Greatest Unsolved Murder"*.

El verdadero culpable, afirmó, era Leslie Dillon, un hombre a quien la policía consideró brevemente como el principal sospechoso, pero finalmente lo dejó ir. Sin embargo, también afirmó que había mucho más en el caso además del asesinato mismo.

· · ·

Según Eatwell, Dillon, que trabajaba como botones, asesinó a Short a instancias de Mark Hansen, propietario de un club nocturno y cine local en el que trabajaba con Dillon. Hansen fue otro sospechoso que finalmente fue liberado, y el propietario de la libreta de direcciones que se envió por correo al *Examiner*. Más tarde afirmó que le dio la libreta de direcciones a Short como regalo.

Según los informes, Short se había quedado con Hansen algunas noches, y fue una de las últimas personas que habló con ella antes de su muerte en una llamada telefónica el 8 de enero. Eatwell alega que Hansen estaba enamorado de Short y se acercó a ella, aunque ella rechazó sus avances.

Luego, supuestamente llamó a Leslie Dillon para que "la cuidara". Hansen, al parecer, sabía que Dillon era capaz de asesinar, pero no se dio cuenta de lo trastornado que realmente estaba.

Anteriormente, Leslie Dillon había trabajado como asistente de una funeraria, donde potencialmente podría haber aprendido a desangrar un cuerpo. Eatwell también descubrió, a partir de los registros policiales, que Dillon conocía detalles sobre el crimen que aún no se habían hecho públicos.

· · ·

Un detalle fue que Short tenía un tatuaje de una rosa en el muslo, que había sido cortado y metido dentro de su vagina. Por su parte, Dillon afirmó ser un aspirante a escritor policiaco y dijo a las autoridades que estaba escribiendo un libro sobre el caso de la Dalia, que nunca se materializó.

A pesar de todas las pruebas que apuntan a él, Dillon nunca fue acusado del crimen. Eatwell afirma que fue liberado debido a los vínculos de Mark Hansen con algunos de los policías del departamento de Los Ángeles. Si bien Eatwell cree que, para empezar, el departamento era corrupto, también cree que Hansen contribuyó en gran medida a su corrupción al explotar sus vínculos con ciertos oficiales.

Otro descubrimiento que se prestó a la teoría de Eatwell fue la escena del crimen encontrada en un motel local. Durante su investigación, Eatwell encontró un informe del propietario del *Aster Motel*, Henry Hoffman. El *Aster Motel* era una pequeña instalación de 10 cabañas cerca de la Universidad del Sur de California.

En la mañana del 15 de enero de 1947 abrió la puerta de una de sus cabañas y encontró la habitación "cubierta de sangre y materia fecal". En otra cabaña descubrió que alguien había dejado un bulto de ropa de mujer envuelto en papel marrón, que también estaba manchado de sangre.

. . .

En lugar de denunciar el crimen, Hoffman simplemente lo limpió. Había sido arrestado cuatro días antes por golpear a su esposa y no quería correr el riesgo de otro enfrentamiento con la policía.

Eatwell cree que el motel es donde Elizabeth Short fue asesinada. Informes de testigos oculares, aunque no corroborados, afirman que una mujer que se parecía a Short fue vista en el motel poco antes del asesinato.

Las teorías de Eatwell no han sido probadas, ya que todos los involucrados en el caso original de asesinato de la Dalia Negra probablemente ya estén muertos, y muchos documentos oficiales de la policía permanecen encerrados en bóvedas. Sin embargo, Eatwell sigue confiando en sus hallazgos y realmente cree que ha resuelto el misterioso y espantoso caso del asesinato de la Dalia.

Aunque todavía no sabemos con certeza quién mató a la Dalia Negra, estas teorías recientes presentan casos convincentes. Y es posible que la verdad siga ahí afuera, esperando que la investigación adecuada finalmente la saque a la luz.

5

El caso de "Tamam Shud"

EL 1 de diciembre de 1948, los bañistas encontraron a un hombre muerto en la playa australiana de Somerton. Bien vestido y sin signos de trauma, su identidad y la causa de su muerte eludieron a la policía local. Pronto, los investigadores lo apodaron el "Hombre de Somerton".

A medida que su investigación se profundizó, también lo hizo el misterio. Las posesiones del hombre no solo ofrecieron pocas pistas, sino que los investigadores también encontraron una hoja de papel en el bolsillo del hombre que decía "*Tamám Shud*", en persa, "está terminado".

Hasta la fecha, el Hombre de Somerton nunca ha sido identificado. Pero han surgido varias teorías en las últimas décadas, lo que sugiere que la figura misteriosa podría haber sido cualquier cosa, desde un espía hasta un amante rechazado.

. . .

Sin embargo, después de 70 años, algunos investigadores tienen nuevas razones para esperar que el Hombre de Somerton finalmente pueda ser identificado y que el caso de Tamám Shud se resuelva de una vez por todas.

En la noche del 30 de noviembre de 1948, varias personas notaron a un hombre apoyado contra un dique de hormigón en la playa de Somerton en Adelaide. Sus piernas estaban extendidas y sus pies cruzados serenamente.

A muchos les pareció extraño. Por un lado, vestía un traje completo y zapatos lustrados: un extraño atuendo de playa para una noche cálida. Una pareja lo recuerda levantando el brazo como si estuviera borracho tratando de encender un cigarrillo. Otro recuerda haber visto mosquitos zumbando alrededor de su cara y pensó que estaba demasiado borracho para alejarlos.

Cada uno de ellos creía que el hombre había bebido demasiado, pero, de hecho, se estaba muriendo. Un par de jinetes aficionados a caballo encontraron su cuerpo al día siguiente y alertaron a la policía. Una inspección inicial del Hombre de Somerton, como se le conoció, no reveló una causa obvia de muerte.

El hombre bien afeitado no había sido apuñalado, disparado o, al parecer, herido en absoluto. Tampoco llevaba ningún material de identificación y le habían quitado cuidadosamente todas las etiquetas de la ropa, lo que dejó a los investigadores completamente perplejos.

Llevaba calzoncillos y camiseta de hombre, camisa blanca y corbata roja fina. Llevaba pantalones color marrón claro, un suéter marrón y un abrigo cruzado marrón. Sus zapatos estaban lustrados. Uno de los bolsillos de sus pantalones fue reparado con un tipo inusual de hilo naranja.

En sus bolsillos, los investigadores encontraron un boleto de tren a Henley Beach, un boleto de autobús a North Glenelg, un peine de metal estadounidense, un paquete de chicle Juicy Fruit, un paquete de cigarrillos Army Club que contenía una marca diferente de cigarrillos, un pañuelo y un paquete de fósforos Bryant & May.

El hombre tenía piernas atléticas y parecía tener entre 40 y 50 años. Sus antebrazos estaban bronceados. Tenía los dedos de los pies extrañamente destrozados, como si los hubieran metido en zapatos ajustados, lo que sugiere, tal vez, que había sido bailarín.

Como se dijo, extrañamente, las etiquetas y rótulos de la ropa del Hombre de Somerton habían sido cortadas. Y los investigadores no encontraron dinero, billetera o identificación en su persona.

. . .

En el Royal Adelaide Hospital, el Dr. John Barkley Bennet estimó que la hora de la muerte no sería antes de las 2 am. El patólogo a cargo, John Matthew Dwyer, determinó que el cuerpo no había sido movido después de la muerte.

Dwyer también notó un par de irregularidades. Las pupilas del hombre parecían pequeñas y de forma inusual. El hombre de Somerton también tenía sangre en el estómago, lo que le sugirió a Dwyer la presencia de "algún veneno irritante".

Pero las pruebas posteriores no encontraron veneno en la sangre del hombre. Esto ha llevado a algunos investigadores a creer que el hombre digirió digital y estrofantina, dos venenos letales que no dejan rastro.

Otros intentos de identificar al hombre fracasaron. Ni el FBI ni Scotland Yard tenían las huellas dactilares archivadas. Y aunque los médicos forenses determinaron que el hombre de Somerton había muerto de insuficiencia cardíaca, no pudieron determinar la causa de la muerte.

La policía logró encontrar la maleta abandonada del hombre en la estación de tren de Adelaida el 30 de noviembre de 1949.

. . .

Contenía exactamente el mismo hilo naranja inusual cosido en los pantalones del hombre de Somerton y algo de ropa con la etiqueta "T. Keane" o "T. Kean. Esto, sin embargo, no dio pistas.

Así, la totalidad de los artículos encontrados en la maleta fueron: bata y cordón, una bolsa de lavandería con el nombre "Keane" escrito en ella, un par de tijeras en una funda, un cuchillo en una vaina (aparentemente un cuchillo de mesa recortado), un pincel de plantilla, dos camisas, dos pares de calzoncillos, un par de pantalones (con marcas de tintorería) con una moneda de 6 peniques en el bolsillo, una chaqueta deportiva, camisa de un solo abrigo, un par de pijamas, una camisa de abrigo amarilla, una camiseta con el nombre "Kean" (sin una "e" al final), una camiseta con el nombre arrancado, una camisa sin etiqueta de nombre.

También, seis pañuelos, una pieza de tablero de luz, ocho sobres grandes, un sobre pequeño, dos perchas, una correa de afeitar, un encendedor de cigarrillos, una navaja, una brocha de afeitar, un destornillador pequeño, un cepillo de dientes, pasta dental, un plato de cristal, una jabonera que contenía una horquilla, tres imperdibles, un botón delantero y trasero en el cuello, un botón marrón, una cucharita, un par de tijeras rotas, una tarjeta de hilo marrón, una lata de betún tostado para botas, dos pegatinas de correo aéreo, una bufanda, una toalla y un número no especificado de lápices, en su mayoría de la marca Royal Sovereign (tres lápices eran H).

. . .

Sin embargo, la pista más desconcertante de todas llegó varios meses después. Una búsqueda renovada de las posesiones del hombre de Somerton reveló un pequeño bolsillo cosido en la cintura de sus pantalones. Allí, los investigadores encontraron un trozo de papel doblado que decía "Tamám Shud", que en persa significa "está hecho" o "está terminado".

Las palabras estaban escritas en una escritura distintiva y se descubrió que habían sido arrancadas de una edición rara de Nueva Zelanda de *The Rubaiyyat of Omar Khayyam*, la obra de poesía del siglo XII.

La policía buscó por todas partes una copia de *The Rubaiyyat of Omar Khayyam* que coincidiera con la fuente distintiva del papel "Tamám Shud". No pudieron encontrarlo por ninguna parte hasta que un hombre llegó a la comisaría con una copia.

Para entusiasmo de la policía, la última página del libro, la parte que contenía "Tamám Shud", había sido arrancada. Pero el hombre que llevó el libro afirmó que no sabía nada sobre los poemas o el Hombre de Somerton.

. . .

En diciembre del año anterior, informó, había dado un paseo en coche con su cuñado y había aparcado a unos cientos de metros de la playa de Somerton. Cuando regresaron al automóvil, su cuñado notó una copia de *The Rubaiyyat of Omar Khayyam* en el piso. Ambos hombres habían asumido que el libro pertenecía al otro.

Pero cuando la cobertura nacional del Hombre de Somerton comenzó a circular, los dos hombres miraron más de cerca el libro y se dieron cuenta de que era el que estaba buscando la policía.

Un escaneo policial del código escrito a mano que se encuentra en la parte posterior de una copia de *The Rubaiyyat of Omar Khayyam*, en el que también aparecen las palabras "Tamám Shud", hace creer que el libro perteneció al Hombre de Somerton.

Dentro del libro, el sargento detective Lionel Leane encontró dos números de teléfono no listados y débiles líneas de código. El primer número de teléfono era un callejón sin salida, pero el segundo número de teléfono conducía a una joven enfermera llamada Jessica Ellen "Jo" Thomson que vivía en la playa de Somerton.

Thomson se mostró reacia a hablar con la policía, aunque finalmente admitió haberle regalado una copia a un hombre llamado Alfred Boxall. Cuando la policía de Adelaide siguió esta pista, descubrieron que Boxall todavía estaba vivo y tenía la copia de Thomson en su poder.

Aunque Thomson afirmó que no conocía al hombre de Somerton, la policía informó que reaccionó de manera extraña al ver un molde de yeso de su rostro y casi se desmaya. Con esa pista aparentemente agotada, la policía luego recurrió al código débil en el libro. Bajo una luz negra, pudieron distinguir un extraño revoltijo de letras que decían:

W [o tal vez M] RGOABABDWTBIMPANETP | MLIABO AIAIQC | ITTMTSAMSTGAB

Pero ni siquiera la Inteligencia Naval de Australia pudo descifrar el código, así que al carecer de más pistas que seguir, la policía enterró al hombre de Somerton el 14 de junio de 1949.

Cuando el forense de Australia Meridional publicó los resultados finales de su investigación en 1958, su informe concluyó con la admisión: *"No puedo decir quién era el difunto... No puedo decir cómo murió o cuál fue la causa de su muerte"*. Parecía que el misterio nunca se resolvería.

. . .

En los últimos años han surgido varias teorías sobre el Hombre de Somerton y lo que le sucedió en la playa. La primera teoría popular fue que el Hombre de Somerton se suicidó después de ser rechazado por Thomson. Algunos han sugerido que Thomson, quien murió en 2013, en realidad tuvo un hijo con el hombre de Somerton, debido a las similitudes en su apariencia.

Rechazado de sus vidas, quizás el hombre decidió acabar con todo.

Esto tiene sentido por un número de razones. Uno, el hombre Somerton no tenía heridas defensivas. Dos, la nota "Tamám Shud" parece que le conectaba a Thomson desde que ella le diera el libro como regalo.

La teoría más provocativa, sin embargo, es que el Hombre de Somerton era un espía que sabía demasiado. Su muerte pareció a muchos investigadores muy inusual, especialmente si realmente lo mataron venenos mortales que son indetectables.

Apoyando esta teoría está el hecho de que nadie llegó a reclamar el cuerpo a pesar de la publicidad en torno al caso.

. . .

Además, el código indescifrable y la naturaleza confusa del significado de "Tamám Shud" parecen sacados de una novela de espías.

También se han encontrado pistas más extrañas desde que el Hombre de Somerton fue enterrado. El policía australiano retirado Gerry Feltus, quien escribió el único libro publicado hasta ahora sobre el caso, descubrió un testigo en 1950 que dijo haber visto a un hombre cargando a otro en su hombro la noche del 30 de noviembre de 1948.

¿Podría haber sido un amigo borracho ayudando a otro? ¿O el asesino del Hombre de Somerton, terminando el trabajo?

Desde entonces, la investigación también ha sido retomada por las propias hijas de Thomson. Sugieren que podrían estar relacionadas con el Hombre de Somerton y que tanto él como su madre podrían haber estado involucrados en una red de espionaje soviético.

El mundo podría llegar a obtener algunas respuestas. En mayo de 2021, el cuerpo del Hombre de Somerton fue exhumado y sería realizada una prueba de ADN. Solo el tiempo dirá si esos resultados finalmente cerrarán definitivamente el caso de Tamám Shud.

6

El secuestro de Tara Calico

En la mañana del 20 de septiembre de 1988, Tara Calico, de 19 años, salió de su casa en Belén, Nuevo México, para emprender un paseo en bicicleta de 36 millas por la carretera estatal 47 de Nuevo México. Los eventos de esa mañana no fueron inusuales; según la madre de Tara, Patty Doel, su hija recorría esta ruta en bicicleta casi a diario.

Antes de irse, alrededor de las 9:30 a.m., Tara le pidió a su mamá que fuera a buscarla si no estaba en casa al mediodía porque tenía planes con su novio. Patty estuvo de acuerdo y, sin saberlo, se despidió de su hija por última vez. Cuando no regresó a las 12:00 p.m., Patty salió a buscarla. Después de conducir de un lado a otro dos veces, no había señales de Tara en su ruta normal.

Cuando el pánico se apoderó de ella, Patty llamó al Departamento del Sheriff del condado de Valencia para denunciar la desaparición de su hija.

Durante semanas, los investigadores buscaron en el área. La policía local y estatal, así como cientos de voluntarios, peinaron el área a pie, a caballo, en cuatrimotos y aviones.

La única evidencia que encontraron fueron piezas del Sony Walkman roto de Tara y huellas de la bicicleta. Su padrastro, John Doel, recuerda que las marcas de las huellas parecían más bien patines, tal vez una señal de lucha.

Aunque nadie fue testigo de un secuestro, siete personas informaron más tarde que vieron a Tara pedaleando de regreso a su casa aproximadamente a las 11:45 a.m. Se dijo que tenía los auriculares puestos y varios testigos recordaron una camioneta de modelo anterior que la seguía.

Se cree que la camioneta tiraba de una casa rodante. En los primeros 9 meses desde que Tara desapareció, esta fue la única información que obtuvieron los investigadores. Eso, hasta junio de 1989, cuando un extraño acontecimiento barrió la nación.

Una mujer en Port St. Joe, Florida, vio una espantosa foto polaroid en el estacionamiento de una tienda de conveniencia.

. . .

La imagen mostraba a una mujer joven y a un niño atados en la parte trasera de una camioneta, con cinta adhesiva cubriendo sus bocas.

La policía se puso en contacto inmediato y la mujer les dijo que una camioneta de carga sin ventanas Toyota estaba estacionada allí cuando ella entró en la tienda. Describió al conductor de la furgoneta como un hombre con un bigote que parecía ser de unos 30 años. Oficiales establecieron controles de carretera, pero el vehículo nunca fue encontrado.

Trabajadores de Polaroid confirmaron que la imagen debía haber sido tomada después de mayo de 1989, debido al tipo de película utilizada, pues ésta había sido recientemente puesta a disposición del público.

La imagen se mostró en *A Current Affair* al mes siguiente. Los amigos que vieron el programa se pusieron en contacto con los Doel y notaron similitudes entre Tara y la niña de la fotografía.

Los familiares de Michael Henley, un niño de 9 años que desapareció en Nuevo México en mayo de 1988, también vieron el episodio y pensaron que el niño se parecía a Michael.

. . .

Los Doel y Henley se reunieron con los investigadores para examinar la imagen. Patty Doel y la madre de Henley afirmaron que la foto era de sus hijos. Tara tenía una cicatriz en la pierna que era idéntica a la de la mujer. Patty también señaló una copia visible de *My Sweet Audrina* de VC Andrews en la Polaroid, que era el libro favorito de Tara.

Los Doel analizaron la foto en Scotland Yard, que determinó que era Tara.

Pero el fiscal de distrito del condado de Valencia la envió al Laboratorio Nacional de Los Álamos, quien concluyó que no era Tara. El análisis del FBI no fue concluyente.

Los restos de Michael Henley finalmente se encontraron en las montañas Zuni en 1990, aproximadamente a 7 millas del campamento donde había desaparecido 2 años antes. Este descubrimiento arrojó dudas inmediatas de que él fuera el niño de la fotografía. Más tarde se descartó cualquier tipo de juego sucio y se presume que Michael murió de hipotermia.

Durante casi dos décadas, el caso sin resolver de Tara Calico se enfrió. Pero en los años transcurridos desde 2008, varias circunstancias extrañas han hecho que su historia vuelva a ser el centro de atención.

. . .

En 2008, René Rivera, un alguacil del condado de Valencia que se unió al departamento el año después de la desaparición de Tara, afirmó saber lo que sucedió en un artículo para el *News-Bulletin* del condado de Valencia. Él dice que se enteró de que dos hombres, posiblemente adolescentes que conocían a Tara, conducían detrás de ella y accidentalmente golpearon la bicicleta. Cree que entraron en pánico, fueron contra Tara y la mataron.

Rivera alegó que otros dos hombres estuvieron involucrados después del asesinato y tienen conocimiento sobre la ubicación del cuerpo de Tara, declarando:

"Tenemos un caso preparado, pero queremos asegurarnos de que este caso sea un caso concreto en el que podamos hacer nuestro trabajo de manera efectiva. Estamos esperando obtener un poco más de evidencia: su bicicleta, su ropa o la propia Tara".

Patty Doel murió en 2006. John Doel se enteró de las declaraciones de Rivera a través de los medios y ridiculizó el anuncio, cuestionando por qué el Sheriff haría comentarios sin pruebas suficientes para realizar un arresto.

A pesar de sus declaraciones, ningún arresto fue realizado y Rivera no nombró públicamente a ningún sospechoso. Pero según un artículo en el sitio web de *Investigation Discovery*, Rivera aún mantiene esta teoría, llegando incluso a decir que las familias del niño podrían haber estado involucradas en el encubrimiento.

Al año siguiente, el jefe de policía de Port St. Joe, David Barnes, recibió una fotografía de un niño con un marcador negro sobre la boca, hecha para parecerse a la foto de 1989.

Barnes recibió una segunda carta que contenía una imagen original del niño.

El día en que se envió el matasellos de la segunda carta de Barnes, el periódico *The Star* en Port St. Joe recibió la misma imagen del niño con marcador sobre la boca.

Mientras *The Star* entregaba su carta a la policía, el Departamento del Sheriff del condado de Gulf estaba lidiando con otra extraña coincidencia.

Ese día, una psíquica llamó e informó haber tenido visiones del caso. La mujer afirmó que Tara fue enterrada en California y describió un auto Oldsmobile azul. Las autoridades descartaron su relato, pero notaron el peculiar momento.

En 2013 el caso fue reabierto por agentes locales y federales. Se seleccionó un grupo de trabajo de seis personas que incluía agentes de Seguridad Nacional, el Departamento de Policía del Estado de Nuevo México, la Oficina del Sheriff del Condado de Valencia, el Departamento de Policía de Albuquerque y la Oficina del Sheriff del Condado de Bernalillo.

Una confesión en el lecho de muerte fue hecha por un hombre llamado Henry Brown. Brown le dijo a la policía que su vecino, Lawrence Romero Jr., y varios amigos hablaron abiertamente sobre matar a Tara el día que desapareció. El padre de Romero era el alguacil del condado de Valencia en el momento de la desaparición de Tara. La confesión de Brown y los documentos posteriores son registros públicos, por lo que pueden ser leídos.

En octubre de 2019, el FBI anunció una recompensa de hasta $20,000 dólares para cualquiera que tuviera información que condujera a la ubicación de Tara Calico o al arresto de los responsables de su desaparición.

El FBI publicó fotos de progresión de edad que muestran cómo se vería Tara actualmente.

Vale la pena señalar que se han asociado dos Polaroids adicionales con el caso. Una fue encontrada cerca de un sitio de construcción en Montecito, CA. La fotografía se hizo después de junio de 1989, de acuerdo al tipo de película. La otra se tomó en una película disponible después de febrero de 1990.

La primera foto es bastante borrosa, pero Patty Doel creía que podía ser su hija porque la niña parecía tener un mechón y ambliopía en un ojo, al igual que Tara. La segunda es ampliamente considerada como una foto de broma.

Si no se la hubieran llevado trágicamente de manera tan rápida, Tara habría celebrado su cumpleaños 51 el 28 de febrero. Su familia mantuvo la esperanza de que algún día la encontrarían con vida, pero John Doel y el hermano de Tara, Chris, saben que es poco probable que todavía esté por ahí.

En 2018, Chris habló sobre la angustia de Patty con la revista People: "*Mamá realmente no quería creer que estaba muerta, punto*". Patty pasó el resto de su vida afirmando que la chica de la Polaroid era Tara. Era su rayo de esperanza de que algún día se reuniría con su hija.

Este caso ha estado sin resolver durante más de 30 años, pero es cualquier cosa menos olvidado. Quizás habrá algún año en que Tara y los Doel finalmente obtengan justicia.

7

El caso del niño en la caja

En 1957, en un frío día de febrero en Filadelfia, se encontró en una caja el cuerpo de un niño desnudo y golpeado. Hasta julio de 2021, el niño nunca fue identificado y, a menudo, se le conoce como el 'niño en la caja' o el 'niño desconocido de Estados Unidos'. El caso sigue siendo investigado hasta el presente.

El niño fue descubierto en un parque en la sección Fox Chase de la ciudad de Filadelfia, por un cazador de ratas almizcleras llamado John Stachowiak que se dispuso a revisar sus trampas. Mientras se movía a través de la maleza, se encontró con una caja tirada en el suelo. Miró adentro y vio el cuerpo de un niño.

Stachowiak no informó de su hallazgo a la policía porque no quería meterse en problemas por tender trampas, así que dejó la caja y siguió adelante.

. . .

Unos días después de que el cazador de ratas almizcleras se encontrara con el cuerpo, a las 3:45 p.m. del 25 de febrero, Frederick J. Benonis, de 26 años, dijo que conducía por Susquehanna Road cuando vio un conejo correr hacia la maleza. Originalmente, su historia era que sabía que había trampas para animales en el área, así que se detuvo y se dirigió al área boscosa, donde también encontró el cuerpo.

Frederick no informó su hallazgo a la policía en ese momento. Eventualmente se supo que en realidad había estado en el área espiando a los estudiantes en una escuela cercana. Vio un informe de noticias al día siguiente sobre una niña de 4 años que estaba desaparecida y fue entonces cuando pensó que era mejor llamar a la policía (el niño en la caja terminó siendo un varón, y la niña desaparecida fue encontrada una semana después, muriendo de hambre en una casa abandonada).

Frederick finalmente reportó el cuerpo a la policía y comenzaron a investigar. El área donde se encontró al niño no identificado se encuentra en la cuadra 700 de Susquehanna Road, cerca de Verre Road y Pennypack Park, en el noreste de Filadelfia.

El cuerpo fue encontrado en una caja que alguna vez había contenido un moisés y había sido vendida por JC Penney.

Tenía un tamaño de 15"x 19"x 35"y presentaba las palabras "Muebles, frágil, no abrir con un cuchillo".

El niño fue encontrado envuelto en una manta a cuadros.

Existen algunos informes que dicen que la manta era de estilo 'nativo americano' y que había sido cortada por la mitad. La manta medía 64 x 74" y estaba hecha de una franela de algodón muy gastada y económica. Tenía un diseño descolorido de diamantes y bloques de color verde, blanco, marrón y rojo. Parecía haber sido lavada recientemente.

Se encontró una pieza adicional dentro de la caja, manchada con grasa automotriz, y faltaba una tercera pieza de 31 x 26". El niño fue descrito como vestido de blanco y pálido. Se cree que tenía entre 3 y 6 años, lo que significa que probablemente nació en 1952. Medía entre 3'0 y 3'4", pesaba 30 libras y tenía ojos azules.

Su cabello estaba enmarañado y parecía haber sido cortado recientemente ya que aún quedaban mechones adheridos a su cuerpo. Su cuerpo estaba gravemente desnutrido y cubierto de cicatrices quirúrgicas, sobre todo en el tobillo, la ingle y la barbilla. El cabello era de color castaño claro a rubio tipo arena.

. . .

También estaba cubierto de moretones que indicaban que había sido abusado antes de morir. Su cuerpo estaba tan consumido que sus costillas se mostraban a través de su piel. A pesar de todo este abuso, no había señales de huesos rotos.

El niño tenía siete cicatrices, tres de las cuales indican posibles procedimientos quirúrgicos.

Dos de ellas estaban en su pecho e ingle y parecían haber sanado bien, dejando solo un rastro fino, mientras que la tercera estaba en su tobillo izquierdo y parecía haber sido una incisión cortada para exponer una vena, de modo que un podría insertarse una aguja para administrar una transfusión o una infusión.

Las otras cicatrices incluían una de 1/2″ en el lado izquierdo de su pecho; una redonda, de forma irregular, en el codo izquierdo; y una cicatriz bien curada en forma de "L" en la barbilla que medía 1/4″ de largo en cada lado. No se encontraron cicatrices de vacunación en su cuerpo.

La palma de la mano derecha y la planta de los pies del niño estaban redondas y arrugadas, lo que puede indicar que había estado sumergido en agua al momento de su muerte. Su esófago también contenía residuos de color marrón oscuro, lo que significaba que había vomitado antes de morir.

El forense determinó que el niño probablemente había muerto por un traumatismo contundente: tenía cuatro moretones redondos en la frente y la cara estaba drenada de sangre. El forense realizó imágenes de rayos X y eso mostró que había sufrido de "crecimiento detenido", muy probablemente debido a la desnutrición y el abuso que experimentó.

La policía tomó las huellas dactilares del niño y verificó sus huellas con la esperanza de encontrar una coincidencia, pero nunca resultó nada de eso.

Esto les hizo creer que posiblemente nació en su casa y no en un hospital, ya que no se pudieron encontrar registros.

Se cree que el niño parecía haber sufrido una enfermedad ocular crónica o una infección antes de morir, que había sido tratada con medicamentos. También había sido circuncidado y tenía numerosos lunares pequeños en el cuerpo: tres en el lado izquierdo de la cara, uno debajo de la oreja derecha, tres en el lado derecho del pecho y uno grande sobre la muñeca derecha.

. . .

A pesar de todo el maltrato sufrido por el niño, alguien le había cortado las uñas de las manos y de los pies. Su talla de zapatos era 8D y tenía un juego completo de dientes de leche (se dice que tenía un poco de dientes salientes).

El clima en febrero en Filadelfia fue frío y lluvioso, lo que dificultó determinar una fecha/hora confirmada de la muerte. Al final, el médico forense estimó que murió entre unos pocos días y dos semanas antes de ser encontrado. Se cree que probablemente fueron solo unos días, ya que la caja estaba seca y había estado lloviendo en las semanas anteriores.

El *Philadelphia Inquirer* imprimió 400 000 volantes con la imagen del niño y se distribuyeron por toda la zona. También se incluyó un folleto con cada factura de gas. 270 reclutas de la academia de policía revisaron la escena del crimen: descubrieron una gorra de pana azul de hombre, una bufanda de niño y un pañuelo blanco de hombre con la letra "G" en la esquina.

La gorra fue interesante para la policía, ya que parecía proporcionar algunas pistas posibles. Estaba en excelentes condiciones y tenía un sello del fabricante en el forro, que decía: "Robbins Bald Eagle Cap, 2603 South 7th St., Philadelphia, Pa".

. . .

Cuando interrogaron a la propietaria de la tienda, Hannah Robbins, supieron que había sido personalizada para el hombre que la había comprado. Según la Sra. Robbins, tenía entre 26 y 30 años, cabello rubio y ningún acento identificable.

Después de comprar la gorra en efectivo, nunca lo volvió a ver.

Sin embargo, ninguna de estas pistas proporcionó nada para avanzar en la investigación. En el lugar también se encontró un mechón de cabello largo y castaño que no pertenecía al niño.

El caso del niño fue transmitido a todo el país a través de un teletipo policial. La gente viajó de 10 estados a Pensilvania en un intento de identificarlo. También se publicó un artículo que describe las cicatrices y lesiones del niño en una revista pediátrica, en caso de que algún médico haya tratado a un niño con lesiones similares.

La policía recorrió los vecindarios y verificó en todos los hospitales, orfanatos y hogares de acogida en el área, pero encontró que todos los niños estaban contabilizados.

. . .

También miraron más en la caja en la que se encontró al niño: un número de serie permitió a los investigadores rastrear la caja hasta una tienda JCPenney en Upper Darby, Pensilvania, ubicada en 69th Street y Chestnut Street.

La caja se había vendido entre el 5 de diciembre de 1956 y el 16 de febrero de 1957 por $7,50. Una búsqueda de registros mostró que solo se vendieron 12, y aunque la policía pudo localizar a ocho de los compradores, la pista se enfrió.

Los detectives también intentaron rastrear información basada en la manta en la que estaba envuelto el niño. Descubrieron que se había fabricado en Swannanoa, Carolina del Norte o Granby, Quebec. Sin embargo, como se habían producido y enviado miles a través de los Estados Unidos, los investigadores no pudieron determinar dónde se había comprado.

El niño finalmente fue enterrado en un campo de alfareros en Holmesburg, Pensilvania, junto a Mechanicsville y Dunks Ferry Road. Su lápida decía: *"Padre celestial, bendice a este niño desconocido"*. Para cualquiera que no sepa lo que es un campo de alfarero, este es un lugar de sepultura para pobres y forasteros.

Después de que no se descubrió nada de la atención mediática que se le dio al caso, la policía siguió el camino de hacer un boceto del niño como mujer. Creían que el niño posiblemente había sido hecho parecer mujer mientras estaba vivo.

El corte de pelo poco profesional del niño, que parecía haber sido realizado rápidamente, fue la base del escenario, así como la apariencia de las cejas que habían sido estilizadas. También publicaron una imagen post mortem del niño vestido y sentado, con la esperanza de refrescar la memoria de alguien que lo conoció antes de la muerte.

Un empleado del médico forense Remington Bristow, tomó este caso personalmente. Publicó una historia falsa en un periódico, indicando que el niño había muerto a consecuencia de un accidente y que sus seres queridos no habían podido pagar un funeral. Esperaba que esto sacaría a alguien de su escondite en relación con el caso, pero no tuvo éxito. Él personalmente ofreció una recompensa de $1,000 por información en el caso y viajó a muchos estados en busca de más información.

Existen muchas teorías sobre lo sucedido al niño en la caja. La primera teoría es sobre un hogar de acogida, que estaba ubicado a unas 1,5 millas de donde se encontró el cuerpo: en 1960, Remington Bristow se puso en contacto con un psíquico que le indicó una casa determinada y, cuando lo hizo, descubrió que era un hogar de acogida. También llevó a la psíquica a la escena del crimen y luego ella fue directamente a la misma casa.

. . .

El hogar de acogida estaba a cargo de Arthur y Catherine Nicoletti y la hija de Catherine de un matrimonio anterior, Anna Marie Nagle. Bristow fue a una venta de bienes en el hogar de acogida y descubrió un moisés que habría sido similar al que se encuentra en la caja.

También descubrió mantas colgadas en el tendedero que eran similares a aquella en la que había sido envuelto el cuerpo del niño cuando lo encontraron.

La teoría de Bristow era que el niño pertenecía a la hijastra del hombre que dirigía el hogar de acogida, y que se deshicieron de su cuerpo para que la hijastra no quedara expuesta como madre soltera. A pesar de todas estas pruebas circunstanciales, la policía no pudo encontrar ningún vínculo sólido entre el niño de la caja y la familia de acogida.

En 1998, el teniente de la policía de Filadelfia, Tom Augustine, que estaba a cargo de la investigación, y varios miembros de la *Vidocq Society* (un grupo de policías y perfiladores jubilados), entrevistaron al padre adoptivo y a la hijastra (con quien se había casado). La investigación del hogar de acogida se cerró.

. . .

En febrero de 2002, una mujer se presentó con una historia sobre el niño. "M" afirmó que su madre abusiva había "comprado" al niño desconocido (cuyo nombre era Jonathan) de sus padres biológicos en el verano de 1954. Posteriormente, el niño fue sometido a abusos físicos y sexuales extremos durante dos años y medio.

Una noche, durante la cena, el niño vomitó su comida de frijoles horneados y recibió una fuerte paliza, golpeándole la cabeza contra el suelo hasta que quedó semiconsciente. Le dieron un baño, durante el cual murió.

Estos detalles coincidían con información conocida solo por la policía, ya que el forense descubrió que el estómago del niño contenía restos de frijoles horneados y que sus dedos estaban arrugados por el agua.

La madre de "M" cortó el cabello largo distintivo del niño (lo que explica el corte de cabello poco profesional que la policía notó en su investigación inicial) en un esfuerzo por ocultar su identidad. La madre de "M" obligó a "M" a ayudarla a arrojar el cuerpo del niño en el área de Fox Chase.

"M" dijo que mientras se preparaban para sacar el cuerpo del niño de la cajuela de un automóvil, un automovilista que pasaba se detuvo para preguntar si necesitaban ayuda. Se le ordenó a "M" que se parara frente a la matrícula del automóvil para ocultarlo mientras la madre convencía al aspirante a buen samaritano de que no había problema. El hombre finalmente se fue del lugar.

Esta historia corroboró el testimonio confidencial brindado por un testigo masculino en 1957, quien dijo que el cuerpo había sido colocado en una caja previamente desechada en la escena. A pesar de la aparente plausibilidad de la confesión de "M", la policía no pudo verificar su historia.

Los vecinos que tuvieron acceso a la casa de "M" durante el período de tiempo indicado negaron que hubiera un niño viviendo allí y desestimaron las afirmaciones de "M" como "ridículas".

La policía ha dicho que la historia de "M" es plausible, pero también desconfían porque la persona tenía antecedentes de enfermedad mental.

Por otra parte, David Stout, autor de *"The Boy In The Box: The Unsolved Case of America's Unknown Child"*, ha teorizado que los padres del niño probablemente eran pobres, posiblemente trabajadores de carnaval o inmigrantes, que habrían podido viajar sin un rastro de papel.

. . .

Esta teoría está respaldada por el arresto en 1961 de los trabajadores del carnaval Kenneth e Irene Dudley después de que su hija de 7 años fuera encontrada muerta en una zona boscosa de Virginia, envuelta en una manta con signos de maltrato y desnutrición. Varios de sus hijos también habían desaparecido, y muchos fallecieron como resultado de negligencia y abuso, pero no se encontró que ninguno de ellos fuera el niño no identificado.

Algunas personas han teorizado que Frederick J. Benonis, el estudiante universitario que descubrió el cuerpo y lo denunció a la policía, estuvo involucrado en el asesinato del niño. Si bien se sometió voluntariamente a una prueba de detección de mentiras y los investigadores lo autorizaron, los defensores de esta teoría citan la falta de confiabilidad de las pruebas de polígrafo.

En 1998 se exhumó el cuerpo del niño para obtener ADN del esmalte de sus dientes.

El ADN se envió a la Universidad del Norte de Texas y se ingresó en las bases de datos nacionales y locales. Desafortunadamente, no hubo éxitos de este esfuerzo.

El niño en la caja fue luego enterrado nuevamente en una tumba marcada como "niño desconocido de Estados Unidos" en el cementerio Ivy Hill en Filadelfia. El cementerio donó el terreno, mientras que el hijo del hombre que enterró al niño en 1957 donó el ataúd, la lápida y el dinero para el funeral. El servicio atrajo una atención pública significativa y los residentes continúan decorando la tumba con animales de peluche y flores.

En 2016, dos escritores, uno de Los Ángeles, California (Jim Hoffmann) y el otro de Nueva Jersey (Louis Romano), explicaron que creían haber descubierto una identidad potencial de Memphis, Tennessee, y solicitaron que se comparara el ADN entre los miembros de la familia y el niño.

La pista fue descubierta originalmente por un hombre de Filadelfia (quien presentó a Romano y Hoffmann entre sí) y fue desarrollada y presentada, con la ayuda de Hoffmann, al Departamento de Policía de Filadelfia y la Sociedad Vidocq a principios de 2013.

En diciembre de 2013, Romano se convirtió en consciente de la pista y acordó ayudar al hombre de Filadelfia y Hoffmann a obtener el ADN de este miembro de la familia en particular en enero de 2014, que se envió rápidamente al Departamento de Policía de Filadelfia.

Las autoridades locales confirmaron que investigarían la pista, pero dijeron que tendrían que investigar más las circunstancias que rodearon el vínculo con Memphis antes de comparar el ADN. En diciembre de 2017, el sargento de homicidios, Bob Kuhlmeier confirmó que el ADN tomado del hombre de Memphis se comparó con el del niño de Fox Chase, y no hubo conexión.

El 21 de marzo de 2016, el Centro Nacional para Niños Desaparecidos y Explotados publicó una reconstrucción facial forense del niño y agregó sus detalles a su base de datos. Por otra parte, en agosto de 2018, el genealogista genético que ayudó a identificar al *Golden State Killer* anunció que utilizaría perfiles de ADN para tratar de identificar al niño a través del ADN familiar.

Los detectives de homicidios de Filadelfia recibieron en 2019 una orden para exhumar los restos del niño en la caja. Lo que pudieron recuperar esta vez para fines de ADN se envió a un laboratorio en Europa que ahora les ha dado su mayor oportunidad hasta el momento.

La policía ahora tiene un perfil de ADN que esperan los lleve a los miembros de la familia del niño. Los investigadores dicen que esto les da una nueva dirección. *"¿Podría haber todavía testigos alrededor? Podría haber, absolutamente. ¿Podría haber todavía un perpetrador que todavía esté vivo? Posiblemente. Podría ser."*

8

El caso de Jeannette DePalma

A FINALES DE 1997, *Weird NJ* recibió una carta de un fan llamado Billy Martin. La breve carta, titulada "En las montañas Watchung", decía:

"Creo que hubo un supuesto sacrificio ritual en la cantera de Houdaille, cerca de Springfield. Un perro local le llevó una parte del cuerpo a su amo, lo que dio lugar a una investigación. No sé si es verdad o solo un mito local…"

En una era anterior a Google, los editores de *Weird NJ* lucharon por encontrar información adicional que corroborara este incidente. Finalmente, se decidió imprimir la carta de Martin en *Weird NJ #9*, publicada en octubre de ese año. La aparición de la carta encendió una pequeña tormenta de fuego entre los lectores de Weird NJ que habían crecido en el condado de Union durante la década de 1970.

. . .

Las respuestas comenzaron a inundar la oficina de Weird NJ, una de las cuales finalmente puso un nombre a la víctima: *"Su nombre era Jeannette DePalma y fue encontrada en un altar..."*

A medida que pasó el tiempo, se aclararon más hechos: Jeannette había estado haciendo autostop en el municipio de Springfield una tarde de agosto de 1972, desapareció y luego fue encontrada muerta en los bosques que rodean la cantera Houdaille después de que un perro le llevara el brazo a su amo en el complejo de apartamentos Baltusrol Gardens, en la cercana Wilson Road.

Cuando los editores de *Weird NJ* comenzaron su propia investigación sobre la muerte inexplicable de Jeannette, inmediatamente se encontraron con la resistencia de la policía local, que afirmó que todos los archivos y las pruebas relacionadas con el caso DePalma habían sido destruidos durante las inundaciones del huracán Floyd en 1999. Hoy, finalmente sabemos que eso no es cierto.

Después de una década de trabajar con el corresponsal de *Weird NJ*, Jesse P. Pollack, quien fue coautor con Mark Moran del libro definitivo sobre el caso DePalma, *"Death on the Devil's Teeth"* de 2015, y el sobrino de Jeannette, Ray, la revista finalmente obtuvo copias del archivo de la Oficina del Fiscal del Condado de Union sobre el caso de Jeannette.

. . .

Después de años de negativas de los fiscales en funciones anteriores, Pollack pudo consultar con el exdirector de comunicaciones de la oficina del fiscal del Condado de Union, Mark Spivey, en 2019 para presentar una solicitud de archivo detallada en virtud de la Ley de registros públicos abiertos de Nueva Jersey y la Ley de libertad de información.

Después de casi dos años de retrasos debido al COVID-19 y cambios de personal, la oficina del fiscal finalmente entregó la mayor parte del expediente del caso de Jeannette DePalma a Pollack en febrero de 2021, incluidas fotos de la escena del crimen que habían sido descritas previamente por algunos oficiales de policía de Nueva Jersey como "desaparecidas".

Si bien los restos de Jeannette han sido compasivamente eliminados de las fotografías, la imagen que pintan es muy clara.

Después de una cuidadosa revisión de estas fotografías, *Weird NJ* confía en que no hubo "actividad oculta" involucrada en la muerte de Jeannette.

Las supuestas "cruces hechas de palos y ramitas" y el "halo de piedras" que supuestamente se encontraron colocados alrededor del cuerpo de Jeannette están completamente ausentes de las fotos de la escena del crimen. También están ausentes los "sacrificios de animales" que se rumoreaban durante mucho tiempo al susurrar a los residentes del condado de Union que estuvieran cerca de los restos.

El objeto más parecido a una cruz encontrado cerca de los restos son dos ramas de árboles podridos que obviamente habían caído en ese lugar mucho tiempo antes de que Jeannette llegara a descansar allí. En las fotografías tampoco se ven "flechas talladas en árboles" o un "altar" de ningún tipo.

Esto, por supuesto, hace que lo que dijo la prensa sobre estas fotos en 1972 sea aún más confuso.

Un artículo que apareció en la edición del 29 de septiembre de 1972 del *Elizabeth Daily Journal* titulado "¿Niña sacrificada en el rito de la bruja?" hizo el siguiente reclamo:

"La investigación sobre la muerte de Jeannette DePalma, de 16 años, se centra en elementos de brujería negra y adoración a Satanás. Una revisión de las fotos de la escena de la muerte, según los informes, está llevando a las autoridades a creer que la muerte de la niña pudo haber sido un sacrificio. Trozos de madera, que al principio se pensó que estaban en la escena por casualidad, ahora se ven como símbolos. Un buscador dijo que dos piezas de madera estaban cruzadas en el suelo sobre su cabeza. Más madera enmarcaba el cuerpo 'como un ataúd'.

Otra persona que estaba allí dijo: 'Supongo que, si estabas buscando señales, estaban allí" '.

Este artículo fue la primera publicación que vinculó la muerte de Jeannette DePalma con la brujería y el satanismo, pero incluso una mirada casual al diagrama de la escena del crimen dibujado por el investigador de la oficina del fiscal, Glenn Owens, muestra que estos supuestos "signos" de "magia negra y culto a Satanás" son tenues, en principio.

Los "dos trozos de madera cruzados en el suelo sobre su cabeza" en realidad estaban paralelos al cuerpo de Jeannette, con su brazo derecho descansando sobre el tronco paralelo verticalmente y el otro tronco horizontal justo más allá de su cabeza. Ambos troncos eran mucho más grandes que el cuerpo entero de Jeannette.

Los informes de registros que enmarcan el cuerpo de Jeannette "como un ataúd" son, en el mejor de los casos, una exageración. Como muestra el diagrama de Owens, las ramas cayeron de una manera que se parece más o menos a un rectángulo abierto (y no a un "trapezoide" como informaron otros periódicos en 1972), pero considerando que se trataba de un área de bosque densamente cubierta, probablemente sea seguro decir que la cantera de Houdaille se llenó de innumerables otras ramas que también cayeron en formas comunes.

. . .

El crecimiento excesivo en sí también es otra revelación. Durante años, los investigadores retirados de la policía de Springfield han dicho una y otra vez que el lugar donde se encontró el cuerpo de Jeannette era un "lugar de fiesta" y que probablemente sufrió una sobredosis allí mientras estaba de fiesta con otros adolescentes, todos los cuales presumiblemente se escaparon por temor a ser procesada en lugar de prestarle asistencia médica.

Las fotos de la escena de la muerte cuentan una historia completamente diferente. El lugar donde se descubrió el cuerpo de Jeannette está mucho más cubierto de lo que se ha descrito anteriormente, con innumerables plantas y arbustos grandes que rodean los restos.

No se observa evidencia de una "fiesta" o cualquier otra reunión social en los informes de evidencia adjuntos ni se ve en la multitud de fotografías publicadas en febrero de 2021.

Sin embargo, lo que se menciona en estos informes es el contenido del bolso de Jeannette y la revelación de que aparentemente nunca se recuperó, a pesar de los relatos previos que dieron los oficiales que respondieron ese día. Aproximadamente ocho pies al sur de los restos de Jeannette estaban los contenidos de su bolso, aparentemente tirados en una pequeña pila.

. . .

Enumerados en los informes de evidencia y mostrados en las fotos correspondientes hay un paquete de pañuelos Marcal, un inhalador Vicks, un lápiz labial compacto pequeño, un peine, una llave en un anillo, un "frasco transparente con una sustancia desconocida" que se asemeja a una botella de Coricidin (la madre de Jeannette, Florence DePalma, dijo a la prensa que su hija tenía un leve resfriado el día que desapareció) y una pequeña caja de sombras de ojos.

Lo que está ausente, sin embargo, es el bolso de Jeannette, junto con el dinero o la billetera. Si Jeannette fue asesinada, ahora es evidente que su asesino se llevó su bolso y su collar cruzado, posiblemente como recuerdos. Su familia informó ampliamente que el collar cruzado había desaparecido de su cuerpo y fue corroborado por los informes publicados en febrero de 2021.

Es casi seguro que no hubo ningún elemento oculto en la muerte de Jeannette. Ahora sabemos que su bolso nunca fue recuperado, pero la realidad de lo que le sucedió, es un misterio que continúa sin ser resuelto.

9

Jack el destripador

A MEDIDA que un asesinato siguió a otro y los cuerpos mutilados fueron descubiertos y descritos en la prensa, uno puede imaginar el miedo que se apoderó de la sección de Whitechapel de Londres en 1888. Poblada con muchos inmigrantes, en su mayoría de Europa del Este y Rusia, el desempleo era rampante y se encontraron personas viviendo en la mayoría de las calles.

Fue en este vecindario donde cinco mujeres jóvenes a las que se hace referencia como las "cinco canónicas" fueron asesinadas y mutiladas a pocas cuadras una de la otra en un período de tres meses de 1888.

Las víctimas fueron Mary Ann "Polly" Nichols el 31 de agosto, Annie Chapman el 8 de septiembre, tanto Elizabeth Stride como Catherine Eddowes el 30 de septiembre y Mary Jane Kelly el 9 de noviembre. Martha Tabram, Alice

McKenzie, Frances Coles y el "torso" de Pinchin Street también fueron asesinados en la misma área general aproximadamente durante el mismo tiempo, pero los patrones de sus asesinatos sugirieron que no fueron asesinadas por la misma persona.

Hubo una firma distintiva en los asesinatos de las "cinco canónicas". Aparentemente, todas fueron estranguladas primero por la espalda, luego les cortaron la garganta y luego les mutilaron la cara y el cuerpo. A tres de las víctimas se les extrajeron partes de sus cuerpos.

A Annie Chapman le arrojaron los intestinos por encima del hombro y le faltaban el útero y una parte de la vagina. A Catherine Eddowes le extirparon el riñón izquierdo y una gran parte del útero. Mary Jane Kelly, al igual que Chapman, fue eviscerada y le extrajeron el corazón.

Durante más de 130 años, estos homicidios han permanecido sin resolver. Durante las décadas siguientes, no menos de cien personas han sido consideradas como posibles sospechosos, pero nadie ha sido identificado de manera concluyente.

El origen del apodo "Jack el Destripador" tiene su origen en tres cartas. La carta "Querido Jefe" estaba fechada el 25 de septiembre, recibida por la Agencia Central de Noticias el

27 de septiembre y enviada a Scotland Yard el 29 de septiembre. El autor menciona en ella: *"En el próximo trabajo que haga le cortaré las orejas a la dama…"*.

De hecho, es notable que se descubrió que una de las víctimas, Catherine Eddowes, asesinada el 30 de septiembre, tenía parte de una oreja cortada en la escena del crimen. Esta carta está firmada, *"Atentamente, Jack el Destripador".*

El 1 de octubre, la Agencia Central de Noticias recibió la "Postal de *Saucy Jack*". Esta postal hace referencia a los asesinatos de "doble evento" de Elizabeth Stride y Catherine Eddowes, ocurridos el día anterior. Años más tarde, en 1931, un periodista, Fred Best, confesó haber escrito la *Dear Boss Letter* y *Saucy Jack Postcard* para "mantener vivo el negocio".

La comunicación final, la "Carta del infierno", se envió a George Lusk, el jefe del Comité de Vigilancia de Whitechapel el 16 de octubre. La carta llegó en una pequeña caja que contenía medio riñón humano. Coincidentemente, a Catherine Eddowes le extirparon uno de sus riñones. El escritor declaró que había frito y comido la otra mitad del riñón y terminó la carta, *"…atrápame cuando puedas, Mishter Lusk".*

. . .

Un médico, Thomas Openshaw, concluyó que el riñón provenía de una mujer de mediana edad que era una gran bebedora. Esta descripción encajaba con Catherine Eddowes, una alcohólica de cuarenta y seis años.

Es importante reconocer que en Londres de 1888 la medicina forense todavía estaba en sus etapas iniciales.

Aunque Marcelo Malpighi observó por primera vez las crestas, bucles y espirales de las huellas dactilares en 1686, no fue sino hasta 1888 que Sir Francis Galton publicó el primer libro sobre huellas dactilares, y 1901 que Sir Edward Henry desarrolló el Sistema de clasificación de Henry, que constituyó la base para la ciencia moderna de la toma de huellas dactilares.

Karl Landsteiner descubrió los grupos sanguíneos A, B y O en 1901, lo que resultó en la primera transfusión de sangre exitosa en 1907 y un Premio Nobel por su trabajo en 1930. La investigación criminal en Londres a fines del siglo XIX era rudimentaria y sin ninguna base científica. Muchos asesinatos de la época, como los asesinatos de Whitechapel, quedaron sin resolver.

Se han identificado muchos sospechosos a lo largo de los años, pero hay varios candidatos que son los más notables y provocadores, comenzando por Montague Druitt.

. . .

Druitt fue mencionado como probable sospechoso desde el principio. Hijo de médico, estudió en Winchester College y en la Universidad de Oxford. Siguió carreras paralelas como maestro en un internado y como abogado, y también fue un consumado jugador de críquet.

En noviembre de 1888 fue despedido de su puesto en el internado por razones poco claras. Un mes después, su cuerpo fue encontrado en el río Támesis y su muerte fue declarada suicidio.

Poco después de la muerte de la quinta víctima, Mary Jane Kelly, comenzaron a circular rumores de que Jack el Destripador era hijo de un cirujano y se había suicidado.

Las insinuaciones continuaron durante años y Sir John Moylan, subsecretario adjunto del Ministerio del Interior, dijo posteriormente que "el Destripador escapó de la justicia al suicidarse a fines de 1888". Sin embargo, nunca se descubrió un motivo claro para Druitt y todas las pruebas en su contra eran circunstanciales.

Otras sospechas apuntan a Sir Randolph Churchill, el padre de Winston Churchill. El príncipe Alberto Víctor, duque de Clarence, fue conocido como el "príncipe Eddy" durante toda su vida. Eddy era el hijo mayor de Albert Edward, el príncipe de Gales que más tarde se convertiría en el rey Eduardo VII. Eddy era parcialmente sordo y de inteligencia limitada.

En 1883, su madre, la princesa Alexandra, le presentó a un joven pintor, Walter Sickert, con la esperanza de exponer a Eddy al mundo artístico y teatral de Londres. Mientras trabajaba en el estudio de Sickert, Eddy conoció a una joven plebeya católica de ascendencia irlandesa llamada Annie Elizabeth Crook que quedó embarazada de su hijo. Se casó con ella en una ceremonia clandestina. Esto lo eliminó de cualquier posible sucesión al trono.

La relación entre Eddy y Crook se volvió cada vez más problemática y se le pidió a Sickert que buscara a una mujer joven adecuada que pudiera servir como niñera para el niño.

Sickert encontró a una mujer joven, Mary Jean Kelly, para desempeñar ese papel. Provenía de un entorno muy humilde y trabajaba algunas noches como prostituta para complementar sus escasos ingresos.

La monarquía estaba molesta con todo este arreglo y puso en marcha un plan de encubrimiento. Crooks fue llevada a la fuerza al Guy's Hospital donde Sir William Gull, el médico personal de la reina, le realizó una lobotomía frontal parcial, dejándola dócil y atontada. Pasó el resto de su vida en una variedad de instituciones.

Mientras tanto, Kelly y varias de sus amigas prostitutas formaron un plan de chantaje a cambio de mantener todo el asunto en secreto. Cuando Sickert se dio cuenta de esto, informó a la monarquía y se decidió que la única solución era silenciar a Kelly y sus amigas. La monarquía ordenó que los asesinatos fueran llevados a cabo por Sickert, Sir William Gull y un cochero, John Netley. La monarquía dispuso que Sir Randolph Churchill, fuera el cabecilla y coordinara los asesinatos.

Esta enrevesada historia es pura especulación. Sin embargo, se ha contado lo suficiente como para que muchos "Destripadores" le den crédito. Sigue siendo una de las posibles explicaciones de los asesinatos de Whitechapel.

También surgieron sospechas de que, a causa de la aparente precisión anatómica de los homicidios, un médico era el culpable.

Ha habido varios médicos considerados sospechosos a través de los años. Thomas Neill Cream, por ejemplo, nació en Glasgow en 1850, se crió en la ciudad de Quebec y recibió un doctorado de McGill en 1876.

. . .

Al graduarse se mudó a Chicago, donde su práctica consistía principalmente en ofrecer abortos ilegales a prostitutas. Cream viajó a Londres en 1891 para cobrar la herencia que le dejó su padre, que había muerto en 1887. En 1892, fue acusado y condenado por el envenenamiento de varias prostitutas con estricnina y condenado a muerte en la horca. Cuando fue ahorcado el 15 de noviembre de 1892, se informó que sus últimas palabras fueron: "Soy Jack el Destripador".

El segundo médico implicado en los asesinatos del Destripador fue Sir John Williams. Williams era galés y asistió a la reina Victoria, quien lo elevó a baronet en 1894. Completó su formación médica en el *University College Hospital* de Londres y fue cirujano obstetra, desempeñándose como médico privado de la familia real.

Se casó con Mary Hughes en 1872, pero la unión no tuvo hijos. Su posible participación en los asesinatos de Whitehall apareció en el libro de 2005 *"Uncle Jack"*, escrito por uno de sus supuestos descendientes, Tony (Michael Anthony) Williams, y en coautoría con Humphrey Price. Estos autores afirman que David Williams conocía a todas las víctimas y las asesinó en un intento de resolver la aparente infertilidad de su esposa. Estas afirmaciones no han sido corroboradas por otros autores o investigadores.

. . .

Un sospechoso intrigante es el doctor Robert D'Onston-Stephenson. Nació en Yorkshire en 1841 y afirmó tener títulos médicos basados en estudios en Francia y Estados Unidos. Siempre le había fascinado la ciencia oculta y llegó a familiarizarse con las prácticas del "arte prohibido" de la Magia Negra. En el momento de los asesinatos del Destripador, D'Onston-Stephenson vivía en el área de Whitechapel.

El hombre había desarrollado un grave problema con la bebida y el 26 de julio de 1888 se inscribió como paciente privado en el Hospital de Londres en Whitechapel. El arreglo establecía que podía salir del hospital a voluntad. El hospital era contiguo al área donde se llevaron a cabo los asesinatos del Destripador.

Lo que se suma a esta intriga es que D'Onston-Stephenson escribió un artículo en un periódico local el 1 de diciembre titulado "¿Quién es el demonio de Whitechapel? (Por alguien que cree que sabe)".

Al salir finalmente del hospital, D'Onston-Stephenson conoció a George Marsh, un detective aficionado que intentaba resolver los asesinatos del Destripador. El médico mostró un conocimiento desconcertante de los hechos y detalles de los asesinatos. Sin embargo, nunca fue acusado de ninguno de los delitos.

. . .

Se ha sugerido que su interés en lo oculto puede haber proporcionado un motivo para los asesinatos, ya que algunas prácticas ocultas requerían "partes de una prostituta."

Sin embargo, D'Onston-Stephenson continuó la batalla contra el alcoholismo durante toda su vida y murió en la enfermería de Ingleton en 1916 sin ninguna prueba directa de que él era el "destripador".

Sir Arthur Conan Doyle, el creador de Sherlock Holmes, especuló que el asesino podría haber sido una mujer que se hacía pasar por partera, lo que serviría como coartada para cualquier sangre que se viera en su ropa. Una mujer sospechosa, Mary Pearcey, habría de ser luego condenada y ahorcada en 1890 por un asesinato no relacionado. No hay evidencia material que la vincule directamente con los crímenes de Whitechapel.

En 2006, Ian Findlay, profesor de diagnóstico forense y molecular, informó que había desarrollado una nueva técnica que podía extraer ADN de una sola célula o mechón de cabello de hasta 160 años. Afirmó haber identificado "ADN femenino" a partir de saliva en las cartas que supuestamente había enviado Jack el Destripador a la policía en el momento de los asesinatos. Por supuesto, la autenticidad de estas cartas nunca se ha establecido y otros científicos forenses no han verificado los resultados de Findlay.

. . .

Parecería poco probable que Pearcey o una partera trastornada, o cualquier otra mujer, pudieran haber llevado a cabo estos asesinatos. La creencia generalmente aceptada de que los asesinatos comenzaron con una estrangulación por la espalda, seguida de cortes en la garganta y mutilaciones, pone a prueba la creencia de que una mujer pudo dominar a otra mujer con éxito en cinco ocasiones sin una sola sobreviviente.

Aaron Kosminski era un inmigrante polaco que llegó a Londres en algún momento entre 1880 y 1881. Kosminski trabajaba intermitentemente como peluquero y a menudo estaba desempleado. Fue uno de los sospechosos considerados por la policía porque *"…tenía un gran odio hacia las mujeres…con fuertes tendencias homicidas"*. Fue interrogado, pero nunca acusado de ninguno de los asesinatos. Pasó la mayor parte de la última parte de su vida en manicomios antes de morir en 1919.

Kosminski había sido olvidado en gran medida en relación con los asesinatos del Destripador hasta 2014, cuando el autor Russell Edwards afirmó que las pruebas de ADN de un chal dejado en una de las escenas del crimen demostraban que Kosminski era el asesino. Edwards, un fanático, había comprado el chal en una subasta en Bury St. Edwards, Suffolk.

La afirmación era que este chal se había dejado en la escena del asesinato de Catherine Eddowes.

. . .

Edwards colaboró con el Dr. Jori Louhelainen, un experto en análisis de ADN histórico. Louhelainen analizó el ADN del chal y publicó sus hallazgos en el *Journal of Forensic Sciences*. Realizó el análisis utilizando ADN mitocondrial. Louhelainen afirmó que identificó manchas oscuras en el chal que se presume eran la sangre de Eddowes y la del asesino.

Encontró que el ADN mitocondrial del chal coincidía con el tomado de Karen Miller, una descendiente directa de Eddowes, así como una descendiente femenina de la hermana de Kosminski, Matilda, quien proporcionó muestras de ADN mitocondrial del interior de su boca.

Sin embargo, la importancia de estos hallazgos ha sido cuestionada. Hansi Weissensteiner, un experto en ADN mitocondrial, ha dicho que el ADN mitocondrial solo puede excluir a los sospechosos. El ADN de la sangre del chal podría provenir de miles de personas que vivían en Londres en ese momento. Además, no se ha descartado la posibilidad de contaminación de la prenda, ni se ha comprobado que perteneciera a Eddowes.

Es fácil tener una visión condescendiente de la Policía Metropolitana de Londres de hace más de un siglo. Como se mencionó, sin embargo, la medicina forense no existía en ese momento. La mayoría de las condenas dependían de relatos o confesiones de testigos oculares.

. . .

Los asesinatos de Jack el Destripador se han mantenido como un "caso sin resolver" durante más de 130 años. Todo el tema está repleto de confesiones, conspiraciones y conjeturas. Dada la evidencia restante disponible, es poco probable que alguno de los sospechosos sea condenado en un tribunal de justicia moderno. Jack el Destripador permanece sin identificar y probablemente siempre lo seguirá siendo. ¡Alguien se salió con la suya!

10

El asesinato de Mary Badaracco

Era un cálido día de verano en agosto de 1984 en Sherman, Connecticut. Las llaves del auto y un anillo de matrimonio quedaron en el mostrador de la cocina; se encontró un automóvil en el camino de entrada con el lado del conductor destrozado. Sin embargo, la propietaria de estos artículos, Mary Badaracco, de 38 años, no aparecía por ninguna parte.

Mary, camarera de oficio, fue la segunda esposa de Domingo Badaracco. Según todos los informes, fue un matrimonio tumultuoso plagado de infidelidad y actos de violencia doméstica. Estar casada con Dominic no fue fácil para Mary. A menudo trató de proteger del trauma a sus dos hijas, Sherrie y Beth, enviándolas a la casa de una amiga cuando eran jóvenes. Esta era una relación condenada al fracaso.

. . .

Inicialmente, Dominic no tenía intención de denunciar la desaparición de su esposa y no parecía preocupado por su paradero.

Dominic incluso disuadió a las hijas de Mary, Sherrie y Beth, que ahora eran mujeres adultas, de denunciar la desaparición de su madre a pesar de su evidente preocupación. Sherrie y Beth sabían que algo andaba mal e ignoraron los deseos de Dominic y se comunicaron con la policía.

Cuando la policía interrogó a Dominic, él dijo que él y Mary habían llegado a un acuerdo de que era hora de que se separaran y planeaban divorciarse. Dominic continuó diciendo que Mary accedió a recibir $100,000 en efectivo a cambio de dejar la casa y no reclamar nada sobre ella. También dijo que, hasta donde él sabía, Mary se había ido de la casa y no tenía motivos para preocuparse.

En ese momento, la policía creyó la historia de Dominic, pero no permaneció así por mucho tiempo. En 1985 el caso de lo sucedido a Mary Badaracco dio un giro. Un informante de la Protección Federal de Testigos se adelantó con una pista.

El informante afirmó que Mary Badaracco había sido asesinada. El informante le dijo a la policía que el asesinato fue un golpe que quitó la vida de Mary a instancias de nadie más que de su esposo, Dominic Badaracco.

. . .

Se creía que Dominic usó a su hijo, Joe, un conocido *Hells Angel*, para terminar con la vida de Mary después de que ella amenazara con contarle a la policía sobre las actividades ilegales y negocios de Dominic.

Joe tenía conexiones a través de la organización *Hells Angels* y era conocido por encargarse de las tareas más desagradables cuando Dominic no quería ensuciarse las manos.

Seis años después de la desaparición de Mary Badaracco, su caso finalmente fue clasificado como homicidio. Si bien parece que la familia, los amigos y la policía habían sospechado durante algún tiempo, finalmente había llegado el momento de una investigación completa sobre Mary y su paradero. Sin embargo, todavía tomaría otro año completo, en 1991, antes de que Mary fuera declarada legalmente muerta.

1990 también fue un año lleno de acontecimientos para Joe, el hijo de Dominic. Joe fue a la cárcel por un cargo de incendio premeditado. Sin embargo, a pesar de la conocida actividad delictiva de Joe y su presunto papel en el ahora asesinato de Mary Badaracco, aún no se ha dicho si Joe es considerado sospechoso de la muerte de Mary o no.

. . .

Ernest Dachenhausen, de 64 años, había sido empleado de Dominic Badaracco y era un conocido asociado suyo. La policía se enteró de la relación entre los dos hombres y sospechó que Ernest pudo haber jugado un papel en la desaparición de Mary o sabía algo sobre lo que le sucedió a Mary Badaracco.

En septiembre de 2007, la policía comenzó a excavar el patio de la antigua casa de Dachenhausen ubicada en Newton, Connecticut. Según el teniente J. Paul Vance, lo único que se encontró en el patio fueron algunos autos enterrados.

El teniente Vance se negó a decir qué buscaba exactamente la policía en la antigua propiedad de Ernest Dachenhausen, pero hizo referencia a los documentos judiciales sellados del caso sin resolver de Mary Badaracco.

En abril de 2008, Ernest Dachenhausen fue arrestado por cargos menores por intentar interferir con la investigación del departamento de policía. Dachenhausen fue declarado no culpable de esos cargos en 2009.

Con la pista número uno apuntando a Dominic Badaracco, definitivamente es el principal sospechoso del asesinato de Mary. La policía ha estado observando más de cerca a Dominic, su relación con Mary y su comportamiento.

. . .

Se descubrió que la policía fue llamada varias veces a la casa de Badaracco debido a incidentes de violencia doméstica en los que Dominic golpeó a Mary. También se descubrió que Dominic ya tenía otra novia antes de que Mary desapareciera.

La novia de Dominic, Joan, se mudó a la casa de Badaracco solo unas semanas después de la desaparición de Mary. Joan se convirtió en la tercera esposa de Dominic.

Además, nunca se encontró ni rastro de los 100.000 dólares que Dominic había afirmado haberle dado a Mary antes de su desaparición.

La casa de Dominic Badaracco, las dependencias de su propiedad y los bosques que rodean su casa fueron registrados en busca de cualquier señal o evidencia de Mary Badaracco. No se encontró nada.

Al parecer, Dominic Badaracco simplemente no podía dejar el proceso seguir su camino. En 2013, a pesar de que no había evidencia sólida de que Dominic estuviera involucrado en el asesinato de su esposa Mary, intentó sobornar a un juez superior del estado, con la ayuda de su amigo de toda la vida, Ronald Richter.

. . .

Dominic esperaba que $100,000 convencieran al juez lo suficiente como para influir en el gran jurado que investigaba el asesinato de Mary Badaracco. Si bien Dominic estaba tratando de mantenerse fuera de problemas, terminó causándose aún más conflictos.

Dominic Badaracco fue acusado de soborno por intentar sobornar a un juez. Recibió una condena de siete años de prisión y tres años de libertad condicional especial. Al amigo de Dominic, Ronald Richter, se le dio inmunidad a cambio de su testimonio por el papel que jugó en sobornar al juez.

A Dominic Badaracco se le concedió la libertad anticipada en octubre de 2016. Hasta el momento no se han encontrado los restos de Mary Badaracco. Si bien aún no hay pruebas suficientes para acusar a nadie, Dominic Badaracco sigue siendo el principal sospechoso.

Si bien parece que Dominic pudo haber escapado de los cargos en el tribunal de justicia, es dudoso que alguna vez escape del tribunal de la opinión pública y del aire de sospecha que se cierne sobre él.

11

El asesinato de la familia Sims

El 22 de octubre de 1966, la mayoría de la población de Tallahassee asistía a un partido de fútbol en la popular Feria del Norte de Florida. Eventos como este literalmente dejaron las calles vacías, ya que el entretenimiento era poco frecuente y el pueblo pequeño.

La familia Sims, es decir, Robert, de 42 años, su esposa Helen, de 34, decidieron quedarse en casa en Muriel Court Drive con su hija menor, Joy, de 12 años. Su hija de 15 años, Judith Ann, estaba cuidando niños y Norma Jeanette, de 17, estaba en el juego.

El estado de Florida venció al estado de Mississippi 10-1 esa noche. Mientras la ciudad disfrutaba del juego, alguien, en algún lugar, mató a los tres Sims que se quedaban en casa y desapareció como un fantasma.

. . .

Norma Sims regresó a casa del partido de fútbol para encontrar una vista horrible: su madre y su padre, baleados, atados y con los ojos vendados en su cama, y su hermana Joy baleada y apuñalada, todos en la misma habitación de alfombra beige. *"Algo terrible ha sucedido, por favor vengan",* suplicó en una funeraria donde inicialmente hizo una llamada.

Norma esperaba encontrar a su familia todavía viendo el partido cuando regresara. La televisión estaba encendida, pero su familia no estaba a la vista.

El Dr. Robert Sims, un experto en tecnología de la información del Departamento de Educación, estaba acostado en la cama luchando por su vida. Le habían disparado una vez en la cabeza. Estaba claro que el ataque había tenido lugar no hacía mucho tiempo. Helen Sims, maestra de escuela dominical y secretaria de la iglesia yacía en el suelo, también con vida. Le habían disparado dos veces en la cabeza y en la pierna (algunos informes afirman que fue apuñalada).

Joy Lynn Sims no estaba viva; la niña había recibido un disparo en la cabeza y más de 6 puñaladas en el estómago. Sus bragas estaban bajadas hasta sus muslos y su mejilla estaba magullada.

. . .

Las primeras personas en llegar al lugar fueron Russell Bevis y su hijo pequeño, Rocky, en respuesta a la llamada de Norma a la *Bevis Funeral Home*. En un intento por salvarles la vida, Bevis trató de aflojarles las ataduras, un acto que comprometió la escena del crimen.

Helen Sims falleció en el hospital 9 días después del ataque. No recuperó el conocimiento para dar información a la policía sobre el agresor, dado que una bala se enterró profundamente en su cerebro y la dejó en coma.

Teniendo en cuenta la situación, los investigadores estaban seguros de que la familia conocía al asesino. No había señales de un allanamiento; no había nada que sugiriera un robo fallido ya que el dinero estaba tirado a la vista en la escena. El ataque había tenido lugar poco antes de que Norma llegara a casa: las tazas de café estaban a medio tomar sobre la mesa y el cenicero lleno no había sido tocado.

Un vecino corrobora esta historia, diciendo a la policía que habían oído gritos en torno a las 22:45. La más convincente evidencia encontrada fue el nudo de la abuela utilizado para atar a los 3 Sims, hecho con material de su propia casa: ropa interior, calcetines, medias, y lazos. Por desgracia, la ineficacia de los estudios de ADN llevados a cabo en aquel entonces, no identificaron a nadie en la escena.

. . .

Más tarde, antiguos investigadores recurrieron a Internet para compartir sus especulaciones de que los agresores se habían quedado atrás para limpiar la escena del crimen y que eran del vecindario. Otros rechazan esta teoría, diciendo que la naturaleza desprevenida y libre de crímenes violentos de Tallahassee haría que cualquiera abriera sus puertas a un extraño. Sin embargo, otros teorizan que el asesinato fue calculado, confiando en que la ciudad estaba preocupada por el partido de fútbol.

Para una comunidad tranquila de menos de 100.000 personas, los asesinatos crearon una sensación generalizada de miedo. A medida que pasaba el tiempo y no se realizaban arrestos, la gente presionó al gobernador Haydon Burns para que llevara el asunto al Capitolio. Se ofrecieron recompensas en efectivo de $5,000 por pistas que condujeran a un arresto.

La comunidad se retiró de las calles. La gente compró pistolas de agua y las llenó con amoníaco. Los residentes, por primera vez en la historia de Tallahassee, solicitaron licencias para comprar armas. Las ferreterías se quedaron sin cerraduras, cerrojos y cuchillos. Las clases de judo y artes marciales se hicieron cada vez más populares.

Patrullas policiales y perros merodearon las calles durante varias semanas después del asesinato. Halloween se puso efectivamente en espera. Las casas de la calle siguieron siendo imposibles de vender durante años después del asesinato.

Las semanas pasaban sin pistas sobre los asesinos, y esto hizo que se movieran las lenguas. Los investigadores y la comunidad solo podían especular en este punto, y todos los dedos apuntaban a un hombre, CA Roberts. Era un pastor muy querido en la Primera Iglesia Bautista, una de las iglesias más antiguas de la ciudad.

Aparentemente, no había razón para sospechar de él por el crimen, pero la pequeña comunidad se tragó la historia de que, debido a que Roberts era un mujeriego, había tenido una aventura con Helen Sims y había matado a su familia en una pasión irregular.

Los investigadores tomaron esta acusación muy en serio y observaron a Roberts y su parroquia durante mucho tiempo. Sin embargo, no había nada que sugiriera su culpabilidad ya que tenía una coartada sólida: era capellán del equipo para el partido de fútbol y se lo vio allí en una película todo el tiempo. A la luz de las acusaciones, Roberts tuvo que renunciar como pastor y murió años después en un accidente.

La teoría del pastor ahora es ampliamente rechazada y la comunidad expresa su enojo por las acusaciones hasta el día de hoy. En su mayor parte, los investigadores y las pistas se han nublado con el tiempo. El único resultado concluyente se podría lograr volviendo a probar la evidencia usando la tecnología actual.

El investigador Campbell, uno de los oficiales en la escena, causó sensación cuando dijo que sabía quién mató a los Sims, pero se negó a tomar nombres, afirmando que no puede acusar a alguien sin pruebas.

Otros alegaron que él solo quería invitar a la compra de un libro o un documental basado en mentiras. Sus afirmaciones fueron bastante sórdidas: dos asesinos, una red sexual y la necrofilia se encuentran entre el contenido.

Un autor local, Henry Cabbage, que estaba trabajando en el recuento de los asesinatos, obtuvo imágenes de la policía interrogando a una sospechosa del asesinato de los Sims, una mujer cuyo novio vivía muy cerca de la familia. La mujer negó toda responsabilidad, pero recordaba haber ido a la casa de los Sims la noche en que fueron asesinados. Su novio, con quien se casó y se divorció, también negó cualquier participación.

Otra pareja que estuvo bajo sospecha fue Mary Charles LaJoie y Vernon Fox. Los vecinos describieron a Mary como "obsesionada con la muerte" y, a menudo, la atrapaban irrumpiendo en las funerarias (quizás gracias a eso hay algo de peso en la participación de la necrofilia en la teoría de Campbell).

El novio de Mary, Vernon, también era un mirón espeluznante e incluso había estado espiando a Joy Lynn Sims una semana antes de los asesinatos. Hubo varias cosas extrañas en torno a su comportamiento ya que los dos dieron declaraciones contradictorias y cambiantes a la policía.

Sin embargo, la acusación de Mary en los años 80 de que su entonces esposo, Vernon, cometió los asesinatos fue descartada ya que ella mostró un claro interés en el dinero de recompensa que se ofrecía por las pistas del caso. Vernon a menudo se ha metido en Internet y ha dado entrevistas sobre el caso en documentales para limpiar su nombre.

El caso sigue siendo uno de los asesinatos sin resolver más notorios de Tallahassee.

A pesar de que los delitos violentos golpearon a la Universidad Estatal de Florida en 1978, cuando el asesino en serie Ted Bundy irrumpió en una hermandad de mujeres y apaleó a los estudiantes hasta la muerte, este caso aún pesa en la mente de todos los residentes que estaban presentes en ese momento.

. . .

Mucha gente siente que ahora es el momento adecuado para una nueva mirada al caso con la tecnología forense moderna. Se realizaron algunos avances en 2015 y 2016 a través de documentales realizados por estudiantes de FSU; sin embargo, el caso aún no pudo resolverse. Norma y Judith Sims nunca han hablado públicamente sobre el asesinato de su familia y permanecen sin dar declaraciones hasta la fecha.

12

Los asesinatos de Delphi

HACE ALGUNOS AÑOS, dos niñas de Indiana dieron un paseo por el bosque en un cálido día de febrero. Abigail Williams, de 13 años, y Liberty German, de 14, nunca regresaron a un lugar de recogida previamente acordado después de su caminata por los *Delphi Historic Trails* en la tarde del 13 de febrero de 2017.

Los buscadores encontraron sus cuerpos a la mañana siguiente, el día de San Valentín, en un área boscosa no lejos del *Monon High Bridge*, que habían visitado el día anterior, según la evidencia del crimen. Abby y Libby eran amigas y estudiantes de octavo grado en la Escuela Intermedia de la Comunidad de Delphi, antes de que las mataran.

Los asesinatos de las niñas, así como la tormenta de noticias, la especulación en las redes sociales y fragmentos de evidencia escalofriante publicados en el caso, han atormentado y cautivado a los habitantes de Indiana y otros estadounidenses incluso tantos años después de los crímenes.

En julio de 2021, el condado de Carroll impuso un apagón total sobre la divulgación de cualquier información sobre posibles personas de interés en la investigación, según el alguacil del condado de Carroll, Tobe Leazenby.

No ha habido arrestos en el caso, aunque varias personas de interés han atraído la atención de los medios a lo largo de los años, pero la policía descartó a casi todas como sospechosas.

Los oficiales de policía y los miembros de la familia también se han quejado de los rumores desenfrenados que han circulado en el caso, así como de las fotos de lado a lado que comparan personas reales con los bocetos de la policía que algunas personas han publicado en los sitios de redes sociales, diciendo que tal especulación no ayuda a la investigación y puede ser perjudicial para los demás.

La última persona de interés en el caso fue James Brian Chadwell II, de 42 años de edad, residente de Lafayette acusado de secuestrar y agredir sexualmente a una niña de 9 años de edad, en abril de 2021.

. . .

Un golpe en la puerta de Chadwell por parte de agentes de policía interrumpió su asalto sexual a la niña que había encerrado en su sótano, lo que lo obligó a vestirse rápidamente y abrir la puerta, según los fiscales.

Después del arresto, los residentes se apresuraron a señalar la naturaleza de los presuntos delitos y el parecido con el primer boceto del sospechoso.

Los intentos de dar seguimiento a la investigación sobre la posible conexión de Chadwell se vieron frustrados cuando la policía impuso el apagón informativo en julio. Desde su arresto, Chadwell se involucró en una pelea en la cárcel y solicitó un cambio de lugar, citando la atención de los medios de todo el mundo. A pesar de seguir asociado a los asesinatos, nada se ha comprobado.

Los grupos de redes sociales dedicados al caso han especulado durante años sobre cómo mataron a las niñas, pero esa información nunca se ha hecho pública. Los oficiales de policía y los fiscales se han mantenido callados sobre la investigación y han dicho repetidamente que deben ocultar ciertos detalles clave para mantener la integridad del caso.

En el curso de la investigación en diciembre de 2021, la policía descubrió un perfil en línea utilizado para comunicarse específicamente con niñas, con el nombre de *anthony_shots*. La foto del hombre utilizada en el perfil no es una persona de interés.

. . .

El perfil en línea se usó entre 2016 y 2017, dijo la policía, para solicitar imágenes de chicas desnudas. Los investigadores le piden a cualquier persona que se haya comunicado, conocido o intentado reunirse con la persona relacionada con el perfil que envíe un correo electrónico o llame para proporcionar la información.

Más allá de esta presunta pista, se piensa que el presunto asesino es un hombre blanco que pesa entre 180 y 200 libras y mide entre 5 pies y 6 pulgadas de alto y 5 pies, 8 pulgadas de alto. Ha sido descrito usando pantalones vaqueros, una chaqueta o un abrigo azul y una sudadera con capucha.

Se dieron a conocer dos bocetos policiales en el caso. La policía estatal publicó una imagen realizada por un dibujante del FBI el 17 de julio de 2017 que mostraba a un hombre de aspecto mayor con perilla, que vestía una gorra y una sudadera con capucha.

El 22 de abril de 2019, la Policía Estatal publicó un nuevo boceto del sospechoso, uno en el que el sospechoso está bien afeitado y parece mucho más joven que el boceto anterior. La policía dice que el nuevo boceto tiene prioridad sobre el anterior y agregó que ahora se cree que el asesino tiene entre 18 y 40 años, pero puede parecer más joven que su verdadera edad.

. . .

Este hombre, capturado en el teléfono celular de Liberty German en el momento de su muerte, es sospechoso en la investigación del doble homicidio de Delphi.

Un día después de que se encontrara a las niñas, la policía publicó una imagen granulada del sospechoso tomada de un video en el teléfono inteligente de Libby. Una semana después, publicaron un audio de la voz de un hombre que decía "cuesta abajo".

La versión más larga del mismo video de teléfono inteligente publicado en 2019 muestra el modo de andar del hombre mientras caminaba por el puente, así como una versión más larga del audio, donde se le puede escuchar diciendo "Chicas... Cuesta abajo".

En la misma conferencia de prensa de abril de 2019, Doug Carter, superintendente de la Policía Estatal, dijo que la nueva información lleva a los investigadores a creer que el asesino es de Delphi, y creen que todavía vive o trabaja en Delphi, o que con frecuencia visita la zona.

Para honrarlas, los miembros de la familia inicialmente pensaron en recaudar dinero para nuevas gradas o un marcador en un campo de sóftbol donde jugaban las niñas. Su idea se convirtió *en L&A Park Foundation*, una organización sin fines de lucro creada para supervisar la construcción de un parque de $1 millón, que incluye tres campos de béisbol, un anfiteatro y áreas de juego.

La construcción comenzó en la primavera de 2019 en el *Abby and Libby Memorial Park* de 20 acres y aún se aceptan donaciones. El Comité Anfitrión del *NBA All-Star 2021* también anunció en febrero de 2020 que otorgaría una subvención *All-Star Legacy* de $50,000 a la fundación para ayudar en la construcción del complejo deportivo.

Mike Patty, el abuelo de Liberty German, se ha pronunciado públicamente en conferencias de prensa y en entrevistas con los medios sobre el costo que ha cobrado el caso.

Patty dijo en una entrevista en febrero de 2018 que todavía era optimista de que habría una ruptura en el caso. Encontrar al asesino, dijo, permitiría que su familia, y la madre de Abby, Anna, finalmente comenzaran a superar la pérdida.

"Esto es con lo que te despiertas todos los días. Son los últimos pensamientos antes de irte a la cama. Y algunas noches, todavía no duermo. Durante tres meses, no dormí, y no voy a dormir hasta que sepa que otra familia no tendrá que pasar por esto, como lo estamos pasando ahora".

Kelsi German ha dicho que consideraba a su hermana menor, Libby, como su mejor amiga. Dejó a Libby y Abby cerca del sendero *Monon High Bridge* temprano en la tarde del 13 de febrero de 2017. Encontrar a su asesino se ha convertido en un llamado para ella.

El Departamento del Sheriff del Condado de Carroll, el Departamento de Policía de Delphi, la Policía del Estado de Indiana e incluso el FBI han participado en varias conferencias de prensa a lo largo de los años, incluida una realizada aproximadamente una semana después de que se encontraron los cuerpos. Después de 3 años sin arrestos, la policía dice que el caso no está frío.

Hubo cientos de oficiales y voluntarios ayudando en los días y semanas posteriores a la desaparición de las niñas y el hallazgo de sus cuerpos, pero ahora son muchos menos los que trabajan activamente en el caso.

La policía también dice que ha recibido decenas de miles de pistas sobre el caso. El superintendente de la Policía Estatal, Doug Carter, y otros funcionarios encargados de hacer cumplir la ley han insistido en el pasado en que la investigación de los asesinatos de Delphi no es un caso sin resolver.

No hay nueva evidencia oficial, pero una aplicación de realidad aumentada para teléfonos inteligentes llamada *CrimeDoor* lanzó un video basado en evidencia de la escena del crimen que brinda a los usuarios una vista de cerca de las imágenes generadas por computadora de las niñas de pie en el puente, mientras el asesino se acerca lentamente a ellas a través del caballete de riel abandonado y curtido por el clima.

La parte gratuita de la aplicación permite a los usuarios acceder a noticias sobre delitos. Si quieren caminar digitalmente por la escena del crimen, los usuarios deben pagar $1.99 para descargar la parte de realidad aumentada del caso. Kelsi German, la hermana mayor de Libby, expresó su apoyo a la aplicación y dijo que "con suerte puede resolver casos y obtener arrestos para muchos casos sin resolver".

Se siguen aceptando pistas sobre el caso. Los investigadores todavía están buscando información y piden que las personas que se comuniquen con ellos brinden detalles clave, como el nombre, la edad, el número de teléfono y por qué la persona que llama cree que esa persona puede estar relacionada con el caso.

Estos avisos se pueden hacer de forma anónima y hay una recompensa significativa por la información que conduzca a un arresto en el caso. Se insta a cualquier persona con dicha información a llamar a la línea de información sobre homicidios de Delphi o por correo electrónico. Tal vez algún día la verdad sobre estos asesinatos saldrá a la luz.

13

La desaparición de Lisa Au

Lisa Au tenía solo 19 años cuando desapareció de la isla de O'ahu. Desapareció en el aire durante diez días antes de que la encontraran en su automóvil, sin causa aparente de muerte.

Según cuenta todo el mundo, Lisa no tenía enemigos. Entonces, ¿quién hubiera querido hacerle daño? Vamos a explorar.

Lisa Au nació el 25 de julio de 1962, de padres Chester Dennis Au y Patrice Mahiaikalani Akim Au-Kaunamano. Lisa tenía una rica herencia cultural de cada uno de sus padres: chino por parte de su padre y hawaiano por parte de su madre.

. . .

En 1982 Lisa tenía 19 años. Medía aproximadamente 5'5" de alto y pesaba alrededor de 120 libras. Tenía el pelo negro largo y ondulado y trabajaba como peluquera. Según todos —compañera de cuarto, familia, amigos— era una persona trabajadora, responsable, concienzuda y cuidadosa.

Estaba emocionada por su futuro y acababa de obtener su licencia de conducir el 18 de enero de 1982. Y luego desapareció.

El 20 de enero de 1982 fue una noche lluviosa en la isla de O'ahu. Lisa acababa de terminar su turno en el *Susan Beers Salon*, que estaba ubicado en Kailua. Estaba postergando la salida del edificio, con la esperanza de esperar a que pasara el aguacero. Sin embargo, finalmente decidió salir, ya que su novio Doug Holmes la estaba esperando en el apartamento de su hermana en Makiki.

Lisa había contado a sus compañeros de trabajo sus planes para la noche, y ellos no notaron nada fuera de lo común cuando hablaron con Lisa esa noche, ella fue tan firme y amigable como siempre. No tenían forma de saber que nunca volverían a ver a Lisa con vida.

De camino a casa, Lisa se detuvo para comprar algo para comer. Compró Poke en el camino. Esta fue la última vez que alguien la vio, aparte de su asesino. Ella nunca llegó al apartamento de su hermana, ni llegó a casa de sus padres esa noche.

. . .

Preocupados, los padres de Lisa llamaron a Doug a la mañana siguiente para preguntarle qué había pasado. Afirmó no saber, pero accedió a buscar a Lisa. Y luego encontró el coche de Lisa. Aquí es donde las cosas se ponen extrañas: Doug llamó a la policía para informar que Lisa no había regresado a casa la noche anterior y que había encontrado su auto en un estado extraño.

Cuando la oficina llegó a la escena, examinó el automóvil: estaba estacionado al costado de la carretera con las ventanas bajadas, a pesar de la lluvia de la noche anterior. Había una cantidad sustancial de agua estancada en el coche. Los asientos estaban empapados. El bolso de Lisa estaba en el asiento del pasajero, pero no estaba mojado. Parecería que el bolso había sido devuelto a la escena una vez que cesó la lluvia. El oficial también mencionó que aparentemente había rasguños en la cara de Doug.

A pesar de la extraña situación, el automóvil no proporcionó ninguna pista sobre a dónde fue Lisa o qué le sucedió, por lo que la comunidad se puso en acción. La isla estaba empapelada con miles de carteles de desaparecido, rogando a cualquier persona con información que notificara a la policía. Los padres de Lisa dieron varias entrevistas llenas de lágrimas. Los esfuerzos de búsqueda consumieron la isla durante diez días completos y se detuvieron de manera devastadora y chirriante el 31 de enero de 1982.

. . .

Un hombre que corría con su perro en el monte Tántalo hizo un descubrimiento aterrador. Lisa había sido encontrada. Su cuerpo estaba desnudo y muy descompuesto, lo que impidió que el forense determinara con precisión la hora o la causa de la muerte. A pesar de esto, los investigadores creían que habían resuelto una cadena suelta de eventos en este asesinato.

Un testigo se presentó poco después de la búsqueda para informar que había visto un automóvil con luces en la parrilla siguiendo al automóvil de Lisa la noche de su desaparición.

Los investigadores creen que Lisa fue secuestrada de su automóvil, asesinada y luego el asesino intentó esconderla en el Monte Tántalo. Pero, ¿quién querría hacer esto?

En realidad, solo hay tres teorías aquí: 1) Lisa fue asesinada por un extraño en un crimen de oportunidad, 2) Lisa fue asesinada por alguien que conocía, o 3) Lisa fue víctima del asesino en serie aún no identificado conocido como el Honolulu Strangler, de quien se confirmó que mató a cinco mujeres jóvenes en 1985 y 1986.

La idea de que Lisa fue asesinada como un crimen de oportunidad tiene varias subteorías. Se piensa que alguien vio a Lisa conduciendo y se vio obligado a secuestrarla y asesinarla; es raro, pero sucede. Otro pensamiento que existe bajo esta teoría es que Lisa estaba teniendo problemas con el auto esa noche.

El auto en sí pudo haber estado bien, pero Lisa era una conductora sin experiencia y el clima era malo.

Es posible que alguien se detuviera con el pretexto de controlarla o ayudarla y golpeara una vez que ella había bajado la guardia. Otra posibilidad aquí es que un oficial de policía o alguien que se hizo pasar por un oficial de policía hizo que Lisa se detuviera, de ahí que el testigo se presentara.

Lisa siendo asesinada por alguien que conocía es un poco menos probable para algunas personas, pero es posible que un amigo o conocido se haya aprovechado de la amabilidad de Lisa para sus propios fines nefastos.

Algunos piensan que tal vez ella había rechazado salir con alguien y esta persona se lo tomó mal, o creía que ella lo menospreciaba o le faltaba el respeto de alguna manera. Esto es pura especulación, pero es un escenario inquietantemente común.

. . .

La teoría final es que Lisa fue una de las primeras víctimas del estrangulador de Honolulu. Este asesino en serie ha permanecido sin identificar durante más de treinta años y ha sido vinculado de manera concluyente con los asesinatos de cinco mujeres, todas con edades comprendidas entre los 17 y los 36 años. Lisa sí entra en este perfil de víctima.

Los asesinatos confirmados también parecen alinearse con el sistema de carreteras de la isla, y el auto de Lisa fue encontrado en una carretera. Esta teoría coincide estrechamente con la primera teoría en que él habría sido un extraño para Lisa y podría haberla adormecido con una falsa sensación de seguridad antes de atacar. La única diferencia aquí es afirmar que el extraño podría haber sido un asesino en serie.

Es imposible llegar a una conclusión en este tipo de caso, ya que hay muy poco para continuar. Son más de 39 años desde que Lisa fue asesinada. Son casi cuatro décadas que su familia y comunidad han pasado sin respuestas.

Casi cuatro décadas desde que el asesino de Lisa no fue llevado ante la justicia. En este punto, cualquier pequeña pista podría ser la clave para ayudar a construir el panorama general. Tal vez, con algo de suerte, algún día se logre resolver el caso de Lisa y su familia por fin tenga respuestas.

14

Los 8 de Jeff Davis

El 20 de mayo de 2005, el cuerpo descompuesto de Loretta Lynn Chaisson Lewis, de 28 años, fue sacado de un canal en las afueras de Jennings, en la parroquia de Jefferson Davis, en el suroeste de Luisiana. Conocida por sobrellevar la vida mientras luchaba contra una adicción al crack, su muerte aparentemente fue la consecuencia del tráfico de drogas que se desarrolló a lo largo del corredor de la autopista I-10 y dejó desoladas áreas como South Jennings.

Menos de un mes después, el 18 de junio, otra prostituta, Ernestine Marie Daniels Patterson, de 30 años, fue descubierta en otro canal de una carretera al sur de Jennings. Dos hombres fueron detenidos por asesinato en segundo grado, aunque luego se retiraron los cargos.

. . .

El 18 de marzo de 2007, una tercera víctima con un perfil similar a los demás, Kristen Gary Lopez, de 21 años, fue encontrada en otro canal.

Nuevamente, dos sospechosos fueron arrestados: el proxeneta de Jennings, Frankie Richard, y su sobrina Hannah Conner, pero fueron liberados debido a la falta de pruebas concluyentes.

Durante el próximo año y medio, los cuerpos de cuatro prostitutas más: Whitnei Dubois de 26 años, Laconia "Muggy" Brown de 23 años, Crystal Shay Benoit Zeno de 24 años y Brittney Gary de 17 años fueron encontradas en o cerca de Jennings. La mayoría estaban descompuestos y prácticamente no mostraban signos de trauma, se cree que sus muertes fueron el resultado de asfixia.

En diciembre de 2008, el alguacil de la parroquia de Jefferson Davis, Ricky Edwards, anunció la formación de un grupo de trabajo seleccionado de las agencias policiales locales, estatales y federales para investigar los asesinatos. Si bien la acción tranquilizó a algunos, el escrutinio reforzado no fue suficiente para evitar una octava muerte (en agosto de 2009, Necole Guillory, de 26 años, fue vista en la I-10 en la cercana parroquia de Acadia), ni para proporcionar nuevas respuestas.

Ese otoño, el alguacil Edwards reconoció públicamente por primera vez que las muertes posiblemente fueron obra de un "delincuente común", y el grupo de trabajo duplicó con creces la recompensa por información que condujera al asesino de lo que se conoció como las 8 de Jeff Davis.

Mientras tanto, la saga se había expandido más allá del ámbito de la cobertura local y hacia los medios nacionales.

Un artículo del New York Times de enero de 2010 informó sobre el miedo y la frustración que sentían los familiares de las mujeres asesinadas, así como sobre los pasos en falso de las fuerzas del orden locales a cargo de resolver los crímenes.

En un caso, señaló el Times, el investigador jefe compró una camioneta a un recluso conocido por ser amigo de una de las víctimas. Un testigo dijo más tarde que vio a López, la tercera víctima, en la camioneta el día de su desaparición, pero para entonces el vehículo ya había sido lavado y revendido. El investigador fue multado y retirado del caso, y puesto a cargo de las pruebas en la oficina del alguacil de la parroquia.

El artículo llamó la atención del escritor residente en Nueva Orleans, Ethan Brown, quien se aventuró a Jennings para realizar su propia investigación a partir de mediados de 2011.

. . .

A través de extensas entrevistas con familias, sospechosos y personal del grupo de trabajo, y un examen cuidadoso de los registros públicos, Brown descubrió evidencia que lo alejó de la teoría del asesino en serie y lo dirigió hacia un encubrimiento más complejo orquestado por las autoridades.

Las víctimas, escribió en *Medium*, no solo se conocían bien y compartían problemas similares con sus adicciones a las drogas y problemas financieros, sino que todas habían servido como informantes de la policía. Según los familiares, muchas parecían excesivamente ansiosas o asustadas antes de desaparecer, y el artículo dejaba claro que no podían contar con la protección de la policía.

En diciembre de 2007, dos reclusos le dijeron al sargento de Jennings, Jesse Ewing, en una cinta lo que sabían sobre la camioneta del caso López que se vendió al investigador y se eliminó toda evidencia. Sospechando de sus colegas, Ewing envió las cintas a una oficina regional del FBI, solo para que se las transmitieran a los supervisores del grupo de trabajo. Poco después, se quedó sin trabajo.

Aún más alarmante resulta que un miembro de la oficina del alguacil, David Barry, fue señalado como sospechoso de asesinato por varios testigos. Uno de ellos describió cómo Barry recorría el sórdido lado sur en busca de prostitutas con su esposa, después de lo cual la drogaban con una bebida enriquecida y la llevaban a su sala de sexo. A pesar de las numerosas acusaciones, Barry solo se presentó a una entrevista con el grupo de trabajo antes de su muerte en 2010.

En el centro de todo estaba Richard, el proxeneta y ex propietario del club de striptease que supuestamente también era un informante y afirmaba haber estado involucrado sexualmente con la mayoría de las mujeres. A pesar de su extensa hoja de antecedentes penales y las acusaciones que lo ubicaban en conexión con algunos de los asesinatos, era libre de caminar por las calles y hablar abiertamente con Brown sobre su relación con las víctimas.

Gracias en parte al debut casi simultáneo de *True Detective*, con su historia de la primera temporada de investigaciones de asesinatos en el remanso de Luisiana, Brown generó suficiente revuelo con su artículo en *Medium* para conseguir un contrato para un libro.

También generó rechazo por parte de la policía de la parroquia de Jefferson Davis, con la nueva Sherriff, Ivy Woods, denigrando a Brown como un "autor de historias de ficción".

Peor aún, el trasfondo malicioso que había matado a las ocho mujeres y silenciado a los testigos amenazaba con ir a por él a continuación.

. . .

Después de que uno de sus contactos le dijo que había *"escuchado más de una vez que nunca sacará ese libro. Puede tomarlo como quiera"*, Brown se mostró receloso de regresar a Jennings para completar sus entrevistas durante meses.

Aun así, logró terminar su trabajo. El lanzamiento de septiembre de 2016 de *"Murder in the Bayou: Who Killed the Women Known as the Jeff Davis 8?"* amplió los informes presentados en su artículo de Medium y entregó una nueva bomba: un representante de campo del congresista de Luisiana, Charles Boustany, era dueño de un hotel Jennings notoriamente sórdido donde Boustany supuestamente tuvo relaciones sexuales con tres de las víctimas.

En medio de una reñida batalla por un escaño en el Senado, Boustany presentó una demanda por difamación contra Brown y su editor. Abandonó la demanda en diciembre, después de perder la carrera.

Más allá de la reacción violenta de aquellos nombrados en sus páginas, *Murder in the Bayou* obtuvo una respuesta muy positiva en el camino a convertirse en un éxito de ventas. Sin embargo, los crímenes no han sido resueltos y a pesar de los señalamientos, no ha habido ningún tipo de condena ni avances en el caso de las 8 de Jeff Davis.

15

El monstruo de Udine

La historia italiana está llena de casos sin resolver. "Misterios italianos", se definen a menudo como estos hechos –noticiarios o políticos– que están lejos de ser esclarecidos oficialmente y, por lo tanto, entregados a la historia.

Hechos que inevitablemente despiertan interés y curiosidad, provocando la imaginación de estudiosos, expertos, historiadores, simples entusiastas: el "misterio", lo sabemos, fascina y hace cosquillas, incluso cuando se trata de crímenes. En este sentido, la historia del Mostro di Udine (Monstruo de Udine) se sitúa de lleno en la vasta y policromada banda de los grandes "misterios italianos".

Noches de lluvia, fines de semana, prostitutas. Estas son tres de las muchas características que se remontan al llamado "Monstruo de Udine". El rastro de sangre comienza, o, mejor dicho, comenzaría, el 21 de septiembre de 1971.

Dentro de su automóvil, el cuerpo de Irene Belletti yace sin vida.

Estaba aislado cerca de la estación de la capital de Friuli.

La mujer fue asesinada con varios cortes y el coche de Irene revelaba numerosas huellas dactilares, quizás incluso las de su asesino.

El 6 de noviembre de 1972, en un departamento en el centro de Udine, se encontró el cuerpo de Elsa Moruzzi, de 52 años: las noticias hablaban de fractura de cráneo y estrangulamiento.

En diciembre de 1975, fue el turno de Eugenia Tilling: el cuello de la mujer fue atravesado por puñaladas mortales.

A fines de septiembre de 1976, se encontró el cuerpo de otra mujer, cerca de Moruzzo: se trataba de María Luisa Bernardo.

Al igual que la primera víctima, Irene Belletti, también la mataron a puñaladas: la hoja del asesino atravesó varias partes de su cuerpo.

. . .

Es fácil, por lo tanto, imaginar una conexión entre los dos crímenes.

El 3 de octubre de 1979, en Colugna, en la provincia de Udine, Jacqueline Brechbullher (46 años, francesa, casada en Udine a fines de la década de 1960) fue asesinada con diez puñaladas.

Y el 19 de febrero de 1980, cerca de Pradamano (Udine), se descubrió el cadáver de Maria Carla Bellone, de 19 años, prostituta.

Bellone, hasta el día de hoy, es la primera de las cuatro víctimas seguramente atribuibles al "Monstruo de Udine". Las otras víctimas atribuibles sin duda al "Monstruo de Udine" son: Luana Gianporcaro (22 años, prostituta), asesinada el 24 de enero de 1983; Aurelia Januschewitz, 42 años, prostituta, asesinada el 3 de marzo de 1985; Marina Lepre, maestra de primaria, madre de 40 años, separada, asesinada el 26 de febrero de 1989.

El cuerpo de la mujer fue encontrado a orillas del río Torre, afluente del Isonzo; en el vientre de la víctima se destacaba una larga incisión en forma de "S". Las heridas en el cuello y la garganta eran inconfundibles. Cuatro mujeres asesinadas con un modus operandi preciso.

. . .

Pero eso no es todo. Entre marzo de 1980 y septiembre de 1991, otras mujeres fueron encontradas muertas en circunstancias que aún no estaban claras, aunque, en dos casos, dos hombres fueron llevados ante la justicia. Hablamos de otras presuntas víctimas atribuibles al "Monstruo de Udine".

Wilma Ghin, cuyo cuerpo calcinado fue encontrado en Gradisca el 4 de marzo de 1980; María Bucovaz, estrangulada en 1984; Matilde Zanette, de 44 años, asesinada el 9 de septiembre de 1984 (por este asesinato fue detenido Gianluigi Sebastianis, quien primero confesó el crimen y luego se retractó; in embargo, sería condenado a 17 años de prisión); Stojanka Joksimovic (estrangulada en diciembre de 1984); Nicla Perabò, asesinada en septiembre de 1991 (por este delito es detenido Bruno Leita y condenado en enero de 1993 a 17 años y medio de prisión).

El caso del Mostro di Udine, sin embargo, no encuentra ninguna vía de investigación clara y productiva. Entre la falta de evidencia, investigaciones significativas y profundas y metodologías científicas y de investigación que, hoy en día, podrían conducir a la captura del asesino, el Monstruo de Udine nunca ha revelado su identidad.

Expertos en la materia (perfilistas, médicos forenses, anatomopatólogos) han intentado en varias ocasiones perfilar las peculiaridades que distinguen a este asesino en serie. Sería un hombre con profundos y sádicos resentimientos hacia las mujeres. Por lo tanto, surge de manera abrumadora una sensación de frustración producida por un evento traumático.

Los cuerpos de las víctimas, además de presentar varias puñaladas (especialmente en la garganta y el cuello: todas las víctimas atribuibles al "Monstruo de Udine" murieron por puñaladas localizadas en la región anterior o lateral del cuello), revelaron una inconfundible incisión en "S" en el vientre y el abdomen (hasta el pubis), probablemente realizada con el uso de un bisturí quirúrgico.

También se presentaron cortes rituales longitudinales o transversales destinados exclusivamente a mutilar -pero sin matar- a la víctima (a diferencia de los cortes en el cuello), dicen los expertos. En el primer asesinato solo se contó un corte, en el segundo crimen los cortes se convirtieron en dos, luego en tres en el cuerpo de la tercera víctima comprobada y así sucesivamente. En un solo caso los cortes mostraron signos de cauterización.

Las víctimas, seguramente atribuibles al Monstruo de Udine, fueron asesinadas entre finales de enero y principios de marzo, siempre en fines de semana y noches lluviosas. Elementos distintivos típicos de una sola mano, de una sola dirección criminal.

. . .

Un hombre, el Monstruo de Udine, que sentía odio hacia las mujeres, pero al mismo tiempo, conocía bien la anatomía femenina. Y, sobre todo, elegía cuidadosamente a sus víctimas. Mujeres indefensas, débiles, prostitutas o mujeres susceptibles de ser confundidas con ellas.

Algunas fuentes indican que todas las víctimas estaban relacionadas con el medio hospitalario: examen médico, hospitalización, drogadicción, problemas psíquicos. Según algunos expertos, el asesino en serie es un hombre que, por alguna razón, no pudo ejercer la profesión de médico.

Los cortes, de hecho, son compatibles con las técnicas utilizadas en la época para la cesárea. Un hombre frágil, obviamente un psicópata, cuya frustración, incluso sexual, fue canalizada y expresada en forma de ira homicida misógina.

El Monstruo de Udine, al menos oficialmente, no tiene nombre ni rostro. Sin embargo, a raíz del ya mencionado crimen de Marina Lepre (26 de febrero de 1989), hay un hecho que aún hoy suscita discusión y que plantea más de una pregunta. No muy lejos del lugar donde fue encontrado el cuerpo de Marina Lepre, se encontró a un hombre en evidente estado de confusión.

Desesperado, pedía perdón. ¿Perdón de qué? Los investigadores identificaron al hombre: un sexagenario, graduado en ginecología pero que nunca había podido ejercer la profesión de médico a causa de sus trastornos mentales. El nombre del hombre nunca se ha hecho público.

En sus manos, sin embargo, los investigadores tienen pocas e incompletas pistas. Un chal, que perteneció a Marina Lepre, con huellas interesantes, pero de las que los departamentos científicos nunca mostraron pruebas atribuibles al único sospechoso.

El médico falleció en 2006. El crimen, de hecho, se extinguió con la muerte del hombre, el único sospechoso. Las teorías y las sugerencias se suceden. Incluso hay quienes llegan a hipotetizar la presencia de dos asesinos en serie, que actuaban según modus operandi diferentes: el estrangulador y el "cirujano" con bisturí.

También existe una tercera teoría: el Monstruo de Udine sigue vivo. Esta es probablemente la hipótesis más inquietante, aunque no demostrable.

Un asesino en serie que actuó en el pasado, mostrando pausas más o menos largas entre un crimen y otro, pero que, durante décadas y por razones que desconocemos, permanecería en silencio, ya no estaría activo.

Los crímenes del Monstruo de Udine nunca han tenido la visibilidad y el clamor que, por lo general, pertenecen a este tipo de casos de noticias policiales. Incluso hoy, muchos años después, esas muertes sin culpables todavía asoman tímidamente en los pliegues de las noticias policiacas italianas atestadas.

El conocido programa de televisión *"Chi l'ha visto?"* y, en particular, la hija de Marina Lepre (Fedra Peruch, por entonces una niña de 9 años) han intentado recientemente reavivar la atención en torno a un caso de actualidad que es todo menos marginal.

En este sentido, la hija de Marina Lepre es la más emprendedora. Ella también proporciona su propia versión de los hechos. Marina Lepre, en el momento de su crimen, era una mujer divorciada: la separación de su marido, además, le provocó un grave estado depresivo. Según Fedra Peruch, su madre, esa noche del 26 de febrero de 1989, pidió que la llevaran a su casa en automóvil.

Probablemente, no tenía ganas de conducir en un estado psicofísico que no fuera el óptimo.

Sin embargo, el "Monstruo" le ofreció llevarla, quien, según Fedra, seguramente confundió a su madre por una prostituta.

. . .

Los hechos, entonces, se precipitaron y culminaron en el asesinato.

El caso del Monstruo de Udine, ahora, yace en los cajones y gabinetes de los palacios de justicia. Archivado. Los hechos transcurrieron casi en silencio en el momento de los hechos, luego definitivamente olvidados.

16

El monstruo de Florencia

EL MONSTRUO DE FLORENCIA (*Il Mostro di Firenze* en italiano) es el nombre comúnmente utilizado por los medios de comunicación en Italia para un asesino en serie que mató a 14 personas entre 1974 y 1985 en la provincia de Florencia. Un doble homicidio de atribución incierta que data de 1968 también se relacionó con los asesinatos del Monstruo en 1982.

La policía llevó a cabo varias investigaciones sobre los casos en el transcurso de varios años. En el 2000, los tribunales condenaron a dos personas por cuatro de los dobles homicidios. Habían sido acusados de formar parte de un presunto grupo de asesinos que se hizo conocido como los "compañeros de bocadillos" (*compagni di merende*).

. . .

Las víctimas eran jóvenes parejas de enamorados aparcadas o acampadas en zonas rurales de las cercanías de Florencia durante las lunas nuevas.

En los asesinatos se utilizaron múltiples armas, entre ellas una pistola Beretta calibre .22 y un cuchillo, y en la mitad de los casos se recuperaron órganos sexuales extirpados de los cuerpos de las víctimas femeninas, cuya extracción parece ser el motivo de los crímenes.

El 21 de agosto de 1968, Antonio Lo Bianco, albañil de 29 años y Barbara Locci, ama de casa de 32, fueron asesinados a tiros con una pistola .22 en Signa, un pequeño pueblo al oeste de Florencia. Alrededor del 20 de julio de 1982, estos asesinatos se vincularon a cuatro dobles homicidios ocurridos en el área de Florencia desde 1974, según un aviso de un escritor anónimo que se había autodenominado "*Un cittadino amico*", "un ciudadano amigo" en una carta a la policía.

El mismo día, el juez de instrucción Vincenzo Tricomi encontró cinco balas y cinco casquillos colocados indebidamente en una carpeta entre los registros del expediente del Tribunal sobre un hombre condenado por los homicidios, el esposo de Barbara, Stefano Mele. Las autoridades no pudieron reconstruir la cadena de custodia de esas pruebas y no solicitaron una comparación científica, aunque habría sido necesario verificar si coincidían con el informe balístico de 1968.

Como los cartuchos gastados fueron disparados por un arma usada en cuatro delitos similares, su presencia en el expediente de Mele sugirió a los agentes del orden público que el autor de los dobles asesinatos estaba relacionado con ellos. En 1968, la pareja fue atacada en su automóvil, mientras que el hijo de Locci, Natalino Mele, yacía dormido en el asiento trasero.

El niño se despertó y, al encontrar a su madre muerta, huyó asustado. A las 02:00 llegó a una casa a unos dos kilómetros de la escena del crimen y llamó a la puerta, diciéndole al casero: *"Abre la puerta y déjame entrar, tengo sueño y mi papá está enfermo en la cama. Entonces tienes que llevarme a casa, porque mi madre y mi tío están muertos en su coche".*

Interrogado por la policía sobre cómo un niño tan pequeño como él podía caminar casi dos kilómetros por un camino rural oscuro y sin pavimentar, Natalino respondió inicialmente que se había escapado solo, luego cambió su versión y afirmó que su padre o un tío, un término que había usado para describir a los amantes de su madre, lo había llevado a la casa donde pidió ayuda.

. . .

Años después, Natalino volvió a decir que estaba solo, pero estaba demasiado conmocionado para recordar exactamente lo que sucedió esa noche. Locci, natural de Cerdeña, era famosa en la ciudad por sus múltiples aventuras amorosas y había recibido el apodo de *ape regina* ("Abeja reina"). Su esposo mayor, un hombre ingenioso llamado Stefano Mele, finalmente fue acusado del asesinato y pasó seis años en prisión. Sin embargo, mientras estuvo encarcelado, una pareja fue asesinada aparentemente con la misma arma.

Se sospechaba que varios amantes de Locci eran los autores del crimen e incluso Stefano afirmó en varias ocasiones que uno de ellos la había matado, pero no se encontraron pruebas ya que otros asesinatos se cometieron mientras estaban en prisión.

El 15 de septiembre de 1974, Pasquale Gentilcore, barman de 19 años, y Stefania Pettini, contadora de 18 años, novios adolescentes, fueron asesinados a tiros y apuñalados en un camino rural cerca de Borgo San Lorenzo mientras tenían sexo en el Fiat 127 de Gentilcore.

No estaban lejos de una famosa discoteca llamada Teen Club, donde se suponía que iban a pasar la noche con unos amigos.

. . .

El cadáver de Pettini había sido violado con un tallo de vid y desfigurado con 97 puñaladas. Algunas horas antes del asesinato, Pettini le dijo algo a un amigo cercano sobre un hombre extraño que la aterrorizaba.

Otro amigo de Pettini recordó que un hombre extraño los había seguido y molestado a los dos durante una lección de manejo unos días antes. Varias parejas de amantes que solían "estacionarse" en la misma área donde fueron asesinados Gentilcore y Pettini afirmaron que esa área en particular era frecuentada por mirones, un par de ellos actuando de manera muy extraña.

El 6 de junio de 1981, Giovanni Foggi, almacenista de 30 años, y Carmela De Nuccio, dependienta de 21, se comprometieron. Sin embargo, fueron asesinados a tiros y apuñalados cerca de Scandicci, donde ambos vivían.

El cuerpo de De Nuccio fue sacado de su automóvil y el asesino le cortó el área púbica con un cuchillo dentado.

A la mañana siguiente, un joven voyeur, el paramédico Enzo Spalletti, habló sobre el asesinato antes de que se descubrieran los cadáveres. Pasó tres meses en la cárcel, acusado de asesinato, antes de que el perpetrador lo exonerara volviendo a matar.

. . .

El 23 de octubre de 1981, Stefano Baldi y Susanna Cambi, comprometidos y próximos a casarse, fueron asesinados a tiros y apuñalados en un parque de las inmediaciones de Calenzano. El área púbica de Cambi fue recortada como la de De Nuccio. Una persona anónima llamó a la madre de Cambi a la mañana siguiente del asesinato, para "hablarle de su hija". Unos días antes del asesinato, Susanna le dijo a su madre que alguien la atormentaba e incluso la perseguía en auto.

El 19 de junio de 1982, Paolo Mainardi, mecánico de 22 años y Antonella Migliorini, modista de 20, comprometidos y próximos a casarse; apodados Vinavil (una marca de superpegamento) porque eran inseparables, fueron asesinados a tiros justo después de tener relaciones sexuales en el coche de Mainardi en una carretera provincial de Montespertoli.

Esta vez, el asesino no tuvo tiempo de mutilar a la víctima femenina ya que la carretera estaba relativamente transitada y varios conductores que pasaban testificaron que vieron el automóvil estacionado al costado de la carretera con la luz interior encendida.

Mainardi, aunque gravemente herido, todavía estaba vivo cuando lo encontraron.

La policía y las ambulancias fueron llamadas de inmediato, pero Mainardi murió algunas horas después en el hospital. Mainardi probablemente escuchó o vio al asesino acercándose e intentó alejarse, pero perdió el control del automóvil y quedó atrapado en la zanja al otro lado de la carretera.

Otra reconstrucción de los hechos sugiere que, después de dispararle a la pareja, el asesino condujo el automóvil de Mainardi durante unos metros para ocultar el vehículo y los cadáveres en un área boscosa cercana, solo para perder el control del automóvil y abandonarlo en la zanja donde fue descubierto por un conductor solo unos minutos después.

El 9 de septiembre de 1983, Wilhelm Friedrich Horst Meyer y Jens Uwe Rüsch, alemanes, ambos estudiantes del último año de la facultad de Bellas Artes de Osnabrück, que se encontraban en Italia para celebrar una importante beca que Meyer acababa de ganar, fueron asesinados a balazos en su Volkswagen Samba Bus en Galluzzo.

El largo cabello rubio de Rüsch y su pequeña constitución podrían haber engañado al asesino haciéndole creer que era una mujer. La policía sospechó que eran amantes homosexuales, basándose en materiales pornográficos encontrados en la escena.

El 29 de julio de 1984, Claudio Stefanacci, estudiante de derecho de 21 años, y Pia Gilda Rontini, camarera y animadora de 18, fueron asesinados a tiros y apuñalados en el Fiat Panda de Stefanacci estacionado en un área boscosa cerca de Vicchio.

El asesino extirpó el área púbica y el seno izquierdo de la niña. Hubo informes de un hombre extraño que había estado siguiendo a la pareja en una heladería algunas horas antes del asesinato. Una amiga cercana de Rontini recordó que ella le había confiado que "un hombre desagradable" la había molestado mientras trabajaba en el bar.

Finalmente, el 7 u 8 de septiembre de 1985, Jean Michel Kraveichvili, músico de ascendencia georgiana y Nadine Mauriot, comerciante, ambos de Audincourt, Francia, se encontraban en un campamento de vacaciones en Italia.

Mauriot fue asesinado a tiros y apuñalado mientras dormía en su pequeña tienda en una zona boscosa cerca de San Casciano.

Kraveichvili fue asesinado a poca distancia de la tienda mientras intentaba escapar. El cadáver de Mauriot fue mutilado. Debido a que el asesino tomó la vida de dos extranjeros, aún no había un reporte de personas desaparecidas.

. . .

El asesino envió una nota burlona, junto con un pedazo del seno de Mauriot, a la fiscal estatal, Silvia Della Monica, afirmando que se había producido un asesinato y desafiando a las autoridades locales a encontrar a las víctimas. Una persona que recogía hongos en el área descubrió los cuerpos unas horas antes de que la carta llegara al escritorio de Della Monica.

No fue hasta los asesinatos de Scandicci en 1981 que la policía se dio cuenta de que los asesinatos estaban conectados. Un artículo periodístico sobre el asesinato de 1974 hizo que la policía realizara una prueba de balística y confirmara que se había utilizado la misma arma en ambos asesinatos.

El reportero Mario Spezi nombró al asesino "Monstruo de Florencia". Un voyeur local fue arrestado y retenido bajo custodia hasta los asesinatos de Calenzano en 1981. Después de los asesinatos de 1982, la policía filtró información falsa de que Mainardi había recuperado el conocimiento antes de morir en el hospital. Poco después, un aviso anónimo pidió a la policía que volviera a investigar el asesinato de 1968; se había utilizado la misma arma.

El asesinato en 1968 de Antonio Lo Bianco y Barbara Locci se había considerado resuelto con la confesión y condena del esposo de Locci, Stefano Mele. Mele había sido excluido como sospechoso desde que estuvo en prisión durante los asesinatos de 1974 y 1981.

. . .

Las declaraciones de Mele en las entrevistas con la policía fueron contradictorias, echando la culpa a sus parientes y conocidos sardos. Francesco Vinci fue arrestado primero. Era un ex amante de Locci cuyo auto había sido encontrado escondido el día que se filtró la información falsa de Mainardi.

Francesco estuvo bajo custodia durante más de un año, incluso durante los asesinatos de 1983.

En cambio, el juez de instrucción Mario Rotella amplió la red y arrestó al hermano y al cuñado de Mele, Giovanni Mele y Piero Mucciarini. Los asesinatos de 1984 ocurrieron cuando los tres sospechosos estaban detenidos, por lo que la policía los liberó.

Rotella se centró entonces en el hermano de Francesco, Salvatore Vinci, otro amante y antiguo inquilino de Barbara Locci.

La primera esposa de Vinci había muerto en un incendio en Cerdeña, dictaminado como suicidio, aunque se rumoreaba que era un asesinato.

Después del último asesinato del Monstruo en 1985, Rotella arrestó a Vinci y lo acusó del asesinato de su esposa, con la intención de pasar de allí a los otros asesinatos atribuidos al Monstruo. En cambio, el juicio en Cerdeña absolvió a Vinci, quien salió libre.

En este punto, el fiscal jefe Pier Luigi Vigna pensó que el rastro de Cerdeña había terminado y quería investigar la posibilidad de que un desconocido hubiera recogido el arma después de su uso en el asesinato de 1968. En 1989, Rotella se vio obligado a absolver oficialmente a todos los sospechosos de Cerdeña y retirarse del caso.

Con el uso de análisis informáticos y pistas anónimas, se encontró un nuevo sospechoso, Pietro Pacciani.

Pacciani había sido condenado tanto por violación y abuso doméstico de sus dos hijas, como por el asesinato en 1951 de un hombre que tenía relaciones con su exnovia, por lo que cumplió trece años de prisión. El inspector Ruggero Perugini encontró pruebas incriminatorias, como similitudes entre el asesinato de 1951 y los asesinatos del Monstruo, así como una reproducción de la Primavera de Botticelli y otra pintura que se cree que es de Pacciani.

La única evidencia física contra Pacciani fue una bala sin disparar de la misma marca que la del Monstruo, encontrada en el jardín de Pacciani al final de una larga búsqueda.

· · ·

Pacciani fue condenado de manera controvertida en su juicio inicial en 1994. En su apelación, el fiscal se puso del lado de Pacciani, citando la falta de pruebas y el mal trabajo policial.

Como resultado, Pacciani fue absuelto y puesto en libertad en 1996.

El sucesor de Perugini, Michele Giuttari, trató de presentar nuevos testigos en el último momento, pero se lo negaron. La Corte Suprema ordenó un nuevo juicio para Pacciani, pero murió en 1998 antes de que ésta pudiera comenzar.

En cambio, fueron juzgados dos presuntos cómplices, Mario Vanni y Giancarlo Lotti.

Vanni había sido testigo en el juicio de Pacciani, donde afirmó que los dos eran simplemente "Compañeros de picnic" (*Compagni di Merende*), un término que entró en la lengua vernácula italiana.

Lotti había sido uno de los testigos sorpresa de Giuttari y afirmó haber visto a Pacciani y Vanni cometer el asesinato de 1985. Después de muchas más sesiones de interrogatorio, también había comenzado a incriminarse a sí mismo en los asesinatos. Ambos fueron declarados culpables y condenados a cadena perpetua, aunque sus sentencias han sido muy criticadas y muchos consideran que los asesinatos están sin resolver.

En 2001, Giuttari, ahora inspector jefe de la unidad de policía GIDES (Grupo Investigativo Delitti Seriali, Grupo de Investigación de Crímenes en Serie), anunció que los crímenes estaban relacionados con un culto satánico presuntamente activo en el área de Florencia. En su testimonio, Lotti había hablado de un médico que había contratado a Pacciani para cometer los asesinatos y recolectar los genitales de las mujeres para usarlos en los rituales.

Giuttari justificó esto en parte por el descubrimiento de una piedra piramidal cerca de una villa donde había trabajado Pacciani. La piedra, sugirió Giuttari, era indicativa de actividad de culto. Los críticos, como Spezi, encontraron esta idea ridícula, dado que tales piedras se usan comúnmente como topes de puertas en los alrededores. Se registró la villa, pero no se encontró nada.

Giuttari, el fiscal jefe de Perugia Giuliano Mignini y la bloguera Gabriella Carlizzi especularon que un farmacéutico, Francesco Calamandrei, y un médico fallecido de Perugia, Francesco Narducci, habían estado involucrados en la sociedad secreta que ordenaba a Pacciani y los demás. Calamandrei fue juzgado mientras se exhumaba el cuerpo de Narducci.

. . .

Al final, Calamandrei fue completamente exonerado y no se encontró nada incriminatorio con respecto a Narducci. Durante el proceso, el periodista Mario Spezi fue detenido por Mignini. Spezi había estado investigando a su propio sospechoso favorito, un hijo de Salvatore Vinci.

Mignini afirmó que lo hizo para obstruir la investigación sobre la secta de Calamandrei y Narducci, a la que afirmó que pertenecía Spezi. Después de la protesta internacional, Spezi fue liberado y su arresto declarado ilegal. Giuttari y Mignini fueron acusados de abuso de poder. Sin embargo, el grupo fue disuelto y no queda ninguna investigación activa del Monstruo de Florencia.

Desde 2018, la revista italiana *Tempi* y los periódicos *Il Giornale* y *Libero* publican una investigación periodística sobre una conexión entre los casos del Asesino del Zodíaco y el Monstruo de Florencia. El sospechoso es un ex superintendente del Cementerio Americano de Florencia en Italia, Joseph "Joe" Bevilacqua, también conocido como Giuseppe, quien nació el 20 de diciembre de 1935 en Totowa, Nueva Jersey, y tenía una carrera de 20 años en el ejército cuando lo dejó para mudarse a Florencia en 1974.

Francesco Amicone, el autor de la investigación, escribió un relato de una admisión parcial de Bevilacqua, en el que habría confesado a Amicone ser responsable de los asesinatos atribuidos al Asesino del Zodiaco y al Monstruo de Florencia en una conversación no registrada ocurrida el 11 de septiembre de 2017.

Tras el lanzamiento de la primera parte de la indagatoria en mayo de 2018, Bevilacqua negó su admisión; y aunque lo amenazó con un juicio, Amicone no se detuvo a acusarlo. En 2021, Amicone informó que Bevilacqua habría sido un agente encubierto del CID asignado a una investigación en San Francisco sobre SMA William O. Wooldridge y otros sargentos del Ejército en el momento de los homicidios del Zodiaco en 1969 y 1970.

Mientras que el investigador criminal del Ejército en Italia a principios de la década de 1970, Bevilacqua habría tenido acceso al expediente de un caso de un doble asesinato ocurrido cerca de Florencia en 1968, donde las balas y los casquillos de balas se habían almacenado de forma inadecuada.

Bevilacqua reemplazó las pruebas con cartuchos gastados disparados por el arma que usaría en los homicidios del Monstruo para vincular sus futuros crímenes con aquellos asesinatos para los que tenía una coartada. Las autoridades italianas recolectaron el ADN de Bevilacqua a fines de 2020, pero no existieron pruebas concluyentes.

. . .

Hasta el momento, no existe ninguna certeza sobre quién fue la persona que cometió los terribles crímenes en Florencia, ni ha habido justicia para ninguna de las víctimas. Tal vez, en algunos años, podamos encontrar respuesta a la gran interrogante que resulta la identidad del Monstruo de Florencia.

Conclusión

A través de estas páginas conocimos a asesinos que, después de haber golpeado y sembrado el miedo entre la población, desaparecieron entre las sombras; encontramos casos sin resolver, identidades nunca reveladas, "monstruos" de modus operandi misteriosos y llenos de ritualidad.

Ahora que recorrimos desde los ya conocidos y famosos asesinos en serie como el Zodiaco y el Destripador, hasta los cuerpos que aparecieron misteriosamente o los medicamentos manipulados con veneno, seguramente habrá teorías con las que estás de acuerdo, o tal vez tengas muchas más interrogantes sobre lo que pudo haber sucedido.

Más allá de la fama que estos despiadados crímenes han obtenido gracias a la dificultad que ha representado resolverlos, hasta el día de hoy se sigue buscando justicia para las víctimas y sus familias, incluso para aquellos de los que se desconocemos su identidad.

Seguramente este libro despertó a el o la detective que habita en ti, alimentando tu hambre por los misterios y, sobre todo, las respuestas a estos intrigantes casos. Puede que en algunos años por fin se encuentre respuesta a algunos de los misterios más emblemáticos para las autoridades, pero por ahora, solo podemos generar hipótesis sobre lo sucedido.

Recuerda que, aunque sean casos de hace años, muchos de ellos siguen abiertos y buscando pistas, ¡por si quieres probar tus habilidades de detective en serio! Tal vez, en algún momento encontremos la respuesta a cada uno de estos terribles crímenes, ¡nunca perdemos la esperanza de encontrar justicia!

Referencias

Adams, D., Mutascio, J. 2021. "Delphi murders: What we know and don't know 4 years after Abby and Libby were Killed" en *Indy Star*. Recuperado de https://www.indystar.com/story/news/crime/2021/02/11/delphi-murders-4-years-later-what-we-know-deaths-abby-and-libby/4454409001/

Baldwin, J. 2021. "The Disappearance of Mary Badaracco" en *Medium*. Recuperado de https://medium.com/the-crime-logs/the-disappearance-of-mary-badaracco-a34d9faffe74

Kuroski, J. 2021. "Inside The Tamám Shud Case And The Chilling Mystery Of The Somerton Man" en *All That's Interesting*. Recuperado de https://allthatsinteresting.com/tamam-shud-somerton-man

Loughlin, K. 2019. "A 130-year-old medical cold case: who was Jack the Ripper?" en *Hektoen International Journal*. Recuperado de https://hekint.org/2019/06/27/a-130-year-old-medical-cold-case-who-was-jack-the-ripper/

Markel, H. 2014. "How the Tylenol murders of 1982

changed the way we consume medication" en *PBS*. Recuperado de https://www.pbs.org/newshour/health/tylenol-murders-1982

McFadden, C. 2021. "The Unsolved: Lisa Au" en *The Morbid Library*. Recuperado de https://themorbidlibrary.com/2021/04/15/the-unsolved-lisa-au/

N/A. 2021. "The Sims Family Triple Homicide" en *Medium*. Recuperado de https://medium.com/lessons-from-history/the-sims-family-triple-homicide-6bb55e55b8d3

N/A. 2021. "Who is The Boy in the Box?" en *True Crime Society*. Recuperado de https://truecrimesocietyblog.com/2021/07/26/who-is-the-boy-in-the-box/

N/D. "The Monster of Florence" en *Wikiwand*. Recuperado de https://www.wikiwand.com/en/Monster_of_Florence#/Suspects_and_reaction

Pellegrini, P. 2019. "The Monster of Udine, an Italian mystery" en *Emadion*. Recuperado de https://emadion.it/en/homicides/serial-killers/serial-killer-men/the-monster-of-udine-an-italian-mystery/

S/D. "JONBENÉT RAMSEY" en *Crime Museum*. Recuperado de https://www.crimemuseum.org/crime-library/cold-cases/jonbenet-ramsey/

S/D. "The Zodiac Killer (Serial Killer Biography)" en *Practical Psychology*. Recuperado de https://practicalpie.com/the-zodiac-killer/

S/D. "Who Killed Jeannette DePalma?" en *Weird NJ*. Recuperado de https://weirdnj.com/weird-news/jeannette-depalma/

Serena, K. 2021. "The Gruesome Story Of The Black Dahlia Murder — And Why The Case Remains Unsolved" en *All That's Interesting.* Recuperado de https://allthatsinteresting.com/black-dahlia-murder

Windnagle, J. 2021. "Here's Everything You Need To Know About The Unsolved Case Of Tara Calico" en *Thought Catalog.* Recuperado de https://thoughtcatalog.com/jordan-windnagle/2020/03/heres-everything-you-need-to-know-about-the-unsolved-case-of-tara-calico/

www.ingramcontent.com/pod-product-compliance
Lightning Source LLC
Chambersburg PA
CBHW071848070526
44583CB00016B/1589